PARA UN TIEMPO COMO ÉSTE...

PARA UN TIEMPO COMO ÉSTE...

DEBEMOS CAMINAR EN EL PODER DEL ESPÍRITU SANTO

DARELL B. DYAL

TAMBIÉN DEL AUTOR
LIMPY, THE LOST WAY OF THE BIBLE

Número de Control de la Biblioteca del Congreso de EE. UU.:   2011960604
ISBN: Tapa Blanda   978-1-4633-1365-4
                         Libro Electrónico   978-1-4633-1217-6

Para pedidos de copias adicionales de este libro, por favor contacte con:
Palibrio
1663 Liberty Drive
Suite 200
Bloomington, IN 47403
Llamadas desde los EE.UU. 877.407.5847
Llamadas internacionales +1.812.671.9757
Fax: +1.812.355.1576
ventas@palibrio.com
370392

CONTENIDO

A Shirley

PREFACIO

LA HISTORIA DE Ester, quien vivió 500 años antes de Cristo, introduce *Para un Tiempo Como Éste*. Secuestrada y llevada al harén del rey con otras hermosas jóvenes, con el sueño de tener un esposo e hijos destruido; espero su destino: una noche en la cámara del rey, después de la cual ella podría vivir el resto de su vida como una concubina desgraciada. Imagine su tormento. Aún así, ella tenía una elección: resistirse hasta el límite de sus entrañas o confiarse a sí misma al Dios que ella amaba y en su presencia, mantener su brillante resplandor.

Ella confió en Dios. Él le dio gracia y favor. Cuando fue llamada, el rey fue abrumado por su belleza y gracia. Ella ganó su corazón y fue hecha reina. De esta forma determinado por Dios, su obediencia fue usada en una manera poderosa. Pronto después que se convirtió en reina, el enemigo manifestó un siniestro plan de aniquilar a todos los judíos. El odio de Amán por el tío de Ester, Mardoqueo, fue lo que lo motivó a persuadir al rey Asuero a destruir a los judíos. Un decreto real estableció el día de la destrucción. "Y en cada provincia y lugar donde el mandamiento del rey y su decreto llegaba, tenían los judíos gran luto, ayuno, lloro y lamentación; cilicio y ceniza era la cama de muchos".[1] Después de esta proclamación, Mardoqueo, también en llanto y cubierto en cilicio en cenizas envió palabra a Ester y le ordenó que fuera ante el rey a suplicar e interceder por los judíos.

Ella respondió,

> Todos saben que … cualquier hombre o mujer que entra en el patio interior para ver al rey, sin ser llamado, una sola ley hay respecto a él: ha de morir; salvo aquel a quien el rey extendiere el cetro de oro,

---

Ester 4:3.

el cual vivirá; y yo no he sido llamada para ver al rey estos treinta días. E informaron a Mardoqueo… él cual le dijo: No pienses que escaparás… porque si callas absolutamente en este tiempo, respiro y liberación vendrá de alguna otra parte para los judíos; mas tú y la casa de tu padre pereceréis ¿Y quién sabe si has llegado al reino *para un tiempo como éste?*[2]

Una vez más Ester confió en Dios y después de orar y ayunar fue delante de la corte del rey sin ser llamada. ¡Y él le extendió su cetro de oro! A causa de su obediencia, el Señor salvó a los judíos de la aniquilación y al hacerlo, aseguro que 500 años más tarde, el Mesías naciera de una virgen llamada María.

Así como en el tiempo de Ester, una terrible calamidad amenaza la gente de Dios el día de hoy. Jesús dijo:

> Yo conozco tus obras, que ni eres frío ni caliente. ¡Ojalá fueses frío o caliente! Pero por cuanto eres tibio y no frío ni caliente, te vomitaré de mi boca. Porque tú dices: Yo soy rico y me he enriquecido y de ninguna cosa tengo necesidad; y no sabes que tú eres un desventurado, miserable, pobre, ciego y desnudo. Por tanto, yo te aconsejo que de mí compres oro refinado en fuego, para que seas rico, y vestiduras blancas para vestirte, y que no se descubra la vergüenza de tu desnudez; y unge tus ojos con colirio, para que veas. *Yo reprendo y castigo a todos los que amo*; sé, pues, celoso, y arrepiéntete.[3]

El vomitará a esta iglesia tibia de su boca, un rechazo de tal magnitud que es el último y más terrible evento de la historia de la iglesia. Inmediatamente a continuación en el libro del Apocalipsis, Aquél que está sentado en el trono en el cielo convocó y reveló al Apóstol Juan *lo que tiene que suceder después de esto*[4] – cosas que muestran el principio del fin.

Para un Tiempo Como Éste está escrito para una iglesia amada pero en peligro. Enseña cómo ser llenos y cómo vivir con el Espíritu, cómo permanecer en

---

[2]   Ester 4:1-17.

[3]   Apocalipsis 3:15-19.

[4]   Apocalipsis 4:1.

Jesús, cómo agradar a Dios y por consecuente cómo evitar el terrible tiempo que se aproxima sobre la tierra. Consuela a aquellos que dentro de lo más profundo de su ser quieren más del Señor; aquellos que tienen hambre del Pan de Vida y que si supieran como, estarían dispuestos a vender todo lo que tienen para estar con Él. Responde sus preguntas y revela verdades de la Escritura que han sido pasadas por alto demasiado tiempo. Muestra cómo ser llenos y cómo habitar en la plenitud de Dios.

Este libro consta de tres partes. Parte I muestra la esencia destilada del vivir en la presencia de Dios aquí en la tierra. Esta fue escrita deliberadamente de tal forma que minimiza la controversia y distracción y se enfoca en lo que la Biblia dice. Parte II presenta los asombrosos elementos de poder – Su Hijo, Su Espíritu y Su Palabra – elementos que afianzan y fundamentan cada aspecto de una vida victoriosa. Parte III cierra el mensaje dando ejemplos de la feroz oposición en contra de la obra de Dios en la iglesia.

Cincuenta años de meditación en la Escritura – miles y miles de horas de estudio – me han preparado para escribir "Para un Tiempo Como Éste". Saturado de la Palabra, este libro desarrolla verdades tan desesperadamente necesitadas el día de hoy. Pero yo no considere y reflexione en la Escritura todos esos años para escribir un libro, ni tampoco lo hice para debatir con el hombre la Palabra de Dios. Lo hice porque amo la Palabra de Dios y al Dios de la Palabra. Yo busque agradarle por sobre todas las cosas y la manera de hacerlo es conociendo y obedeciendo su Palabra.

> ¡Oh, cuánto amo yo tu ley! Es mi meditación todo el día. Tú, por tus mandamientos, me has hecho más sabio que mis enemigos, porque siempre están conmigo. Tengo mayor entendimiento que mis maestros porque tus testimonios son mi meditación. Entiendo más que los ancianos porque he guardado tus mandamientos; he mantenido mis pies lejos de todo mal camino, para guardar tu Palabra. No me aparté de tus juicios, porque tú me enseñaste. ¡Cuán dulces son a mi paladar tus palabras! Más que la miel a mi boca. De tus mandamientos he adquirido inteligencia; por tanto, he aborrecido todo camino de mentira.[5]

---

[5] Salmo 119:97-104.

Una vez yo fui un muchacho anodino pero con el paso de las décadas, para ninguna sorpresa de alguien que entiende la Escritura, poco por poco, Dios me rebeló Su Palabra.[6] *Para un Tiempo Como Éste* está impulsado por esa experiencia y conocimiento. Este libro esta plantado en la viva y poderosa Palabra de Dios. Después de todo, es sobre esa verdad que nos atrevemos a confiar nuestras almas inmortales.

---

[6] Más información acerca de mi es provista en la sección "Acerca del Autor". Pienso que es interesante y pertinente a los presentes temas discutidos. Sugiero la considere antes de leer *Para un Tiempo Como Éste.*

RECONOCIMIENTOS

APRECIO EL TIEMPO que Dallas Albritton, un líder en la iglesia y abogado en Tampa; Richard Ralls, obispo en Central Point y Shirley, mi querida esposa, han dado con tanta gracia para este libro. Cada uno de ellos cuidadosamente leyeron y consideraron con oración el manuscrito. He tratado de responder a sus astutas observaciones e incorporar sus bien hechas recomendaciones.

Un agradecimiento especial es para el hermano E.B. Odom, Tampa, por sus esfuerzos. Un amigo mío desde hace mucho tiempo que manejó casi dos horas cada semana para poder reunirnos para tener tiempos de convivencia y discusión. Juntos meditamos en la majestad de los temas encontrados en *Para un Tiempo Como Éste*. E.B. posee una mente aguda y un entendimiento maduro de Palabra de Dios. Durante la escritura de este libro el fue un motivador y un amigo que se mantuvo conmigo en oración. Su compromiso para con el libro ha sido como el mío.

Finalmente, deseo agradecer a mi hermano Adrian Velazquez por su traducción del libro al español. Adrian es un joven que ama al Señor Jesús y se ha invertido en el trabajo de la iglesia Pan de Vida, donde el enseña la Biblia a los adolescentes y ayuda con la carga de traducir para ministros invitados de habla no-española que frecuentemente visitan la iglesia. De hecho, Adrian y yo nos conocimos y nos hicimos buenos amigos cuando él tradujo para mí en un viaje misionero de enseñanza a Pan de Vida en diciembre del 2009. Adrian también es un estudiante universitario y vive en Cuautitlan Izcalli, Estado de México.

Juntos estos amados yo oramos que este libro sea útil a muchos lectores que tienen hambre de la presencia de Dios en sus vidas.

PARTE I

Vive en el Espíritu

1

El Amor Comienza aquí

E L HIJO, EL Espíritu y la Palabra llenan de poder la gloriosa unión con Él.[7] *Para un Tiempo Como Éste* les dice a los creyentes como apropiarse de la plenitud de Dios en el Espíritu y habitar en lugares celestiales mientras viven todavía aquí en la tierra. Asombrosamente, pocos toman esta oportunidad de vivir con Dios y conocer la anchura, longitud y profundidad del amor de Cristo. Aquellos que si trascienden las preocupaciones de la vida mortal tienen corazones gobernados por amor, gozo, paz, paciencia, benignidad, bondad, fe, mansedumbre y templanza. Ellos son guiados por el Espíritu y tienen acceso al poder del siglo venidero. Ellos hacen el trabajo del Padre como amigos de Jesús y los caminos del Señor significan más para ellos que aún la vida misma. Ellos meditan en la Palabra de Dios; mantienen, obedecen y enseñan sus mandamientos; permanecen en Jesús; caminan en su Espíritu y superan la tiranía de la carne, la lujuria del mundo y las maquinaciones del diablo. Ellos luchan en ayuno y oración por la iglesia contra principados, potestades, gobernadores de tinieblas de este siglo y huestes espirituales de maldad en los lugares altos. Ellos ganan coronas de justicia y ministran y son ministrados por Jesús mismo. En Él, ellos viven en un gozo trascendental.

Tal vida es de un esplendor magnificente. Si no hubiera nada más—si no hubiera resurrección de los muertos—¡aún así, una vida vivida de tal forma

---

[7] La majestuosidad e importancia de estos magnificentes elementos de poder se muestra en los capítulos del 8 al 10.

sería la cima de la existencia! ¡Pero si hay resurrección! Hay recompensas eternas, hay una herencia maravillosa. Aquellos que escojan esta vida serán transformados a la semejanza de Jesús y sus cuerpos mortales serán revestidos con inmortalidad. Ellos se sentarán con Jesús en Su trono, heredaran todas las cosas, tendrán a Dios como su Dios y serán sus hijos.[8] Ellos contemplarán la gloria inexpresable de Jesús y habitaran con Él y Su Padre en una grandeza inconcebible en una nueva tierra en una espectacular ciudad llamada Nueva Jerusalén. Allí ellos se maravillarán por toda la eternidad de la generosidad pasmosa de Dios para con ellos.

Para un Tiempo Como Éste describe esta vida y nos dice como caminar en ella.

Todo comienza aquí: Los discípulos de Jesús le pidieron que les enseñara como orar. Ellos fueron entrenados en tradiciones religiosas desde su infancia. Ellos sabían cómo orar. Entonces, ¿Por qué preguntarle? ¡Fue porque ellos vieron una diferencia entre Jesús y ellos mismos! Él estaba lleno del Espíritu Santo y de poder. Él era vida y conocimiento. Él conocía a Dios Padre. Él era Dios mismo. En contraste, ellos estaban vacios. Todavía no tenían al Espíritu Santo. Ellos tenían una forma de religión pero no su poder. Ellos eran como muchos en la iglesia hoy en día, que van a la iglesia, reciben lo que pueden pero salen hambrientos del Pan de Vida en el poder del Espíritu.

Por esta razón, ellos le pidieron que les enseñara como orar y Él abrió su boca y habló palabras eternas de verdad y poder cuando dijo,

> "Cuando oréis, decid: Padre nuestro que estás en los cielos, santificado sea tu nombre. Venga tu reino. Hágase tu voluntad, como en el cielo, así también en la tierra. El pan nuestro de cada día, dánoslo hoy. Perdona nuestros pecados, porque también nosotros perdonamos a todos los que nos deben. Y no nos metas en tentación, mas líbranos del mal".[9]

Su respuesta, viva y poderosa enseña no solo como orar, pero aún más, nos ensena como acercarnos delante del Padre Celestial. Si tan solo pudiéramos

---

[8] Apocalipsis 3:20; 21:7.
[9] Lucas 11:2-4.

entender esta única idea nuestras serían para siempre enriquecidas. Él nos dijo cómo orar a Dios Padre. Él dijo que lo primero que teníamos que hacer es

¡Santificar el Nombre del Padre! [10]

La palabra griega para *santificar* es *hagiazō* (hacer santo, consagrar, venerar, santificar).[11] Tenemos que santificar su Gran Nombre. Esto debe ser primero, porque Él es primero, Él es digno, Él es un Dios celoso. Él será honrado y adorado como el Dios Todopoderoso que es.[12] Por lo tanto, nosotros veneramos su nombre y lo adoramos. Esta adulación genera un gozo indescriptible para nosotros los adoradores.

Y aún más,

Entramos bajo la sombra del omnipotente.[13] Algo asombroso sucede allí: derrotamos las limitaciones del hombre natural y entramos a la maravillosa santa presencia de Dios. Trascendemos las atracciones hacia este mundo y descansamos en el amor de Dios por el Espíritu Santo. Mientras más adoramos, mayor es nuestra bendición. Su paz y su amor nos sobrecogen.

> *"Cantad alegres a Dios, habitantes de toda la tierra. Servid a Jehová con alegría; venid ante su presencia con regocijo. Reconoced que Jehová es Dios; Él nos hizo, y no nosotros a nosotros mismos; pueblo suyo somos y ovejas de su prado. Entrad pos sus puertas con acción de gracias, por sus atrios con alabanza; alabadle, bendecid su nombre. Porque Jehová es bueno; para siempre es su misericordia y su verdad por todas las generaciones".*[14]

Venid delante de Él con canto, sabiendo que Él es Dios y entendiendo lo que Él hizo. Él nos creo, Él es nuestro Pastor, Él es bueno, ¡su misericordia es eterna y

---

[10]   Lucas 11:2.
[11]   QuickVerse 2009, Diccionarios Strong's Hebrew and Greek (G37).
[12]   Josué 24:19; Levítico 10:3; Éxodo 20:5, 34:14, etc.
[13]   Salmos 91:1.
[14]   Salmos 100:1-5.

su verdad es para siempre! Mientras más lo conocemos, más gozoso es entrar en su presencia. Cuando lo hacemos, nos alejamos de las preocupaciones de este mundo hacia el profundo entendimiento que nosotros estamos "sentados en lugares celestiales con Cristo Jesús".[15] Podemos sentir el poder de Su presencia. Le servimos exuberantemente, gritando alegremente, así como David danzaba delante de Él con todas sus fuerzas.[16] ¡La vida está en nuestro glorioso Dios!

Nuestro más grande privilegio es conocerlo. Su presencia nos revitaliza, ya que Él es la fuente de vida. Moisés fue sustentado por Su gloriosa presencia sin comer por cuarenta días y cuarenta noches. Sin Él, los huesos de Ezequiel serían los nuestros.[17] Pero el Maná Celestial[18] clama diciendo: sopla sobre estos muertos para que vivan. Poder y vida fluyen hacia nuestro interior en el Espíritu. De modo que si alguno está *en Cristo*, nueva criatura es; las cosas viejas pasaron; he aquí todas son hechas nuevas y todas las cosas son de Dios".[19]

Nosotros nos gozamos porque Él es digno. Él es el Dios Todopoderoso. La corte celestial le teme y le alaba porque lo ven en Su maravillosa gloria. ¡Él debe ser alabado grande y magnificentemente! Si, Él es nuestro Padre, pero primero Él es el Dios Todopoderoso. Honra sea a Él. Santificado sea Su nombre.

* * * * *

Tener temor de Dios es el principio de la sabiduría y el conocimiento.[20] Pero el temerle verdaderamente es buscar su rostro y obedecerlo. Sin embargo, quien entre nosotros:

- ¿Santifica el nombre del Padre diariamente?
- ¿Entra completamente a Su presencia, mañana tras mañana?
- ¿Toma parte de Jesús, el Pan Celestial diariamente?

---

[5] Efesios 2:6.

[6] 2 Samuel 6:1-15.

[7] Ezequiel 37:1-14, especialmente 9.

[8] Juan 6:29-59.

[9] 2 Corintios 5:17.

[0] Proverbios 1:7; 9:10.

Muchos quieren hacerlo, pero fallan consistentemente en venir a Su presencia. Una reflexión sombría clama diciendo, "¿Por qué no puedo habitar con mi Señor como yo lo deseo?" *Para un Tiempo Como Éste* responde a esta pregunta y enseña cómo hacer de la presencia de Dios la mejor parte de nuestra vida, ahora y por siempre.

La Prueba del Amor

L A PALABRA DE Dios nos revela las intenciones de nuestros corazones. Considere la prueba que hace con respecto al amor:

> "El que tiene mis mandamientos y los guarda, ése es el que me ama; y el que me ama, será amado por mi Padre y yo le amaré y me manifestaré a él". Judas (no el Iscariote) le dijo, "Señor, ¿cómo es que te manifestaras a nosotros y no al mundo?" Jesús le respondió y le dijo, "El que me ama, mi palabra guardará y mi Padre le amará y vendremos a él y haremos morada con él. El que no me ama, no guarda mis palabras y la palabra que habéis oído no es mía, sino del Padre que me envió".[21]

Obedecer es ser amado por Jesús y Su Padre, que—en una bendición suprema—hacen su morada con aquellos que son obedientes. Pero entonces, ¿quién sabrá con certeza cuáles son Sus mandamientos[22] y si son o no obedecidos? Jesús nos dio una prueba concisa que hace mucho para proveer una respuesta. Los fariseos le preguntaron cuál era el primer mandamiento de todos y Él les dijo,

---

[21]   Juan 14:21-24.

[22]   Vea Parte II, Capitulo 10, La Palabra de Dios, sección 2. "Los Mandamientos de Cristo".

> Amaras al Señor tu Dios con todo tu corazón, y con toda tu alma,
> y con toda tu mente y con todas tus fuerzas. Este es el principal
> mandamiento. Y el segundo es semejante: Amarás a tu prójimo
> como a ti mismo. De estos dos mandamientos depende toda la ley
> y los profetas.[23]

Esta sorprendente proposición penetra hasta la esencia de nuestro ser.
¿Amamos al Señor de esta manera? Si no es así, hemos fallado la prueba y
demostrado que no lo amamos. Ni siquiera lo conocemos: "Y en esto sabemos
que nosotros le conocemos, si guardamos sus mandamientos. El que dice: Yo
le conozco, y no guarda sus mandamientos, él tal es mentiroso, y la verdad no
está en él".[24] Aquellos descritos en este pasaje, para su vergüenza, son desechos
por la viva Palabra de Dios. Su calamitoso juicio es que ni Jesús ni Su Padre
habitaran con ellos.[25]

Por consiguiente, los creyentes serios y sinceros tratan de amarlo con todo
su corazón, alma, mente y fuerza; solo para descubrir que son incapaces de
hacerlo. En la carne no es posible amar de esta forma, o ser perfecto, o cumplir
el resto de la Escritura. El Señor sabe esto, pero Él requiere que nosotros
entendamos el deplorable estado de nuestra deficiencia. Cuando realmente
entendemos que somos indignos y que no tenemos salida de nuestra traición,
la opinión propia de la buena justicia y rectitud ante nuestros ojos finalmente
es destruida y quedamos solo con un espíritu pobre y contrito sin más opción
que temblar delante de la Palabra que descubre nuestras debilidades. Debemos
alcanzar este punto en nuestro entendimiento y confesar nuestra deficiencia
delante de Él; no sea que nos encontremos a nosotros mismos tratando de
acercarnos a Dios en un estado de injusticia vestidos de trapos inmundos.
Cuando finalmente llegamos a este estado de quebranto es entonces que Su
misericordia puede fluir para con nosotros.

Considere la gloria de la bondad de nuestro Dios y la misericordia de Su
corazón en el siguiente párrafo,[26]

---

[23]   Marcos 12:28-31; Mateo 22:37-40.

[24]   1 Juan 2:3-4.

[25]   Juan 12:48-50.

[26]   Mateo 5:1; Isaías 57:15; 66:2.

Bienaventurados los pobres en espíritu, porque de ellos es el reino de los cielos… Pero miraré a aquel que es pobre y humilde de espíritu y que tiembla a mi palabra….Porque así dijo el Alto y Sublime, él que habita la eternidad y cuyo nombre es el Santo: Yo habito en la altura y la santidad y con el quebrantado y humilde de espíritu, para hacer vivir el espíritu de los humildes y para vivificar el corazón de los quebrantados.

Él "revive el corazón de los quebrantados y contritos". En Su refrigerio, abrazamos Su provisión y la seguimos a la vida abundante que Él tan sinceramente desea para nosotros. Las buenas noticias de la implementación de Su provisión es un tema muy bienvenido discutido en el capítulo 3.

* * * *

Antes de visitar esa parte, hagamos una pausa para preguntarnos, "¿Por qué fallamos en amar al Señor como queremos y más aún, como debemos amarlo?" Para responder a esta pregunta entrometida a nuestra privacidad, supongamos una conversación hipotética entre un viejo escritor cristiano (E) y un típico creyente (T). Podemos participar en su discusión sin autorización y desde este punto, observar si su dialogo encaja con lo que nosotros diríamos en su lugar y si está al nivel de la pregunta, que parece ser del corazón de Dios.

Un Dialogo entre un Escritor (E) y un Típico Creyente (T)

E: Considera el gran mandamiento, T. "Amarás a Dios con todo tu corazón, toda tu alma, toda tu mente y todas tus fuerzas". ¿Lo amas por sobre todas las cosas, todo el tiempo? ¿Es Él el centro de tu corazón y el deleite de tu mente? ¿Meditas en Él y le sirves con toda tu fuerza?

[Después de un extraño silencio…]

E: Bueno, ¿lo haces?

T: Pensé que solo me hacías una pregunta retorica. ¿Quieres que responda?

E: Si.

T: [Después de pensarlo] Lamento decir que probablemente no lo hago. Pero tampoco lo hace nadie más. No tenemos que hacer eso. Todo el mundo sabe que es imposible hacerlo. Es más que nada una expresión o una idea. No es un mandamiento literal.

E: ¿Qué fue lo que Jesús dijo? ¿Acaso no dijo que ese era el primer y preeminente mandamiento? ¿Crees que Él habría dicho eso si no fuera enserio? ¿Crees que solo *estaba bromeando*?

T: Bueno, ya que lo pones de esa forma, estoy seguro que Él no estaba bromeando. La verdad es que nunca lo consideré como algo imperativo. Yo lo descarte porque, después de todo, todos saben que no puede ser hecho.

E: ¿Te das cuenta de que tan equivocado es ese comentario? Tú en efecto estás diciendo que Dios no sabe lo que está haciendo o que es injusto porque requiere de nosotros algo que no podemos hacer. ¿Es eso lo que crees?

T: [Irritándose un poco] ¡Eso no es lo quise decir!

E: Bueno, ¿entonces qué es lo que estás diciendo?

T: Hay otras alternativas. Quizá la Palabra no dice exactamente lo que tú piensas que dice. Después de todo, algunas cosas son imposibles.

E: ¿Esa es tu respuesta? ¿Dios no puede escribir simple y claramente?

T: Pues tú estás actuando como un sabelotodo. Eso no es exactamente lo que estoy diciendo...

E: Entonces, esencialmente, tú ignoras el Gran Mandamiento porque no piensas que quiere decir lo que dice. Y aún así te consideras un ser espiritual y en condición apta para el Reino de Dios, ¿no es así?

T: Bueno, yo amo al Señor, realmente lo hago y trato de hacer mi mejor esfuerzo. Es solo que... [Pero, inseguro de cómo continuar, vuelve a caer en silencio]

E: Todavía hay mas en ese versículo, también dice, "amarás a tu prójimo como a ti mismo". ¿Haces eso?

T: [Algo perturbado] Nadie hace eso, ¡nadie! De eso si estoy seguro.

E: Entonces, tú vuelves a decir que Dios no sabe lo que está haciendo o que Él es injusto o que la Palabra no quiere decir lo que dice.

T: [T está completamente callado, no sabe que responder y tampoco le gusta hacia dónde va la conversación]

E: Vamos, habla. Hay muchos versículos que los hombres consideran como imposibles de obedecer. Déjame darte otro ejemplo. Es del Sermón del Monte[27] y como toda la Escritura, dice lo que quiere decir y quiere decir lo que dice, y debe ser entendida y obedecida. Sin embargo, aún así muchos dicen que no es posible obedecer este Sermón y tratan de desecharlo con una explicación rápida. ¿Eres uno de esos?

T: [Tomando valor] Yo si pienso que eso es mayormente ideológico. Pone un alto estándar moral para mostrarnos lo que la meta debería ser. Pero no creo que el Señor en realidad espere que lo alcancemos. Y de hecho, esto no es solo mi opinión, también es la enseñanza actual si no me equivoco.

E: Seamos específicos. Por ejemplo, toma el versículo: "Sed, pues, vosotros perfectos, como vuestro Padre que está en los cielos es perfecto".[28] Como todo el Sermón, este es un mandamiento de Dios y debe ser obedecido. ¿Entiendes esto?

T: Yo he escuchado que dicen que la palabra *perfecto* significa *completamente maduro*. Significa que debes ser lo que mejor que puedes y si haces eso entonces serás suficientemente bueno.

---

[27] Mateo 5:1 – 7:29.

[28] Mateo 5:48; 1 Pedro 1:15–16; Efesios 4:13; Filipenses 3:15.

E: Dejemos algo claro, ¿tú dices que ser perfecto (de la misma manera) como tu Padre en el cielo es perfecto significa que está bien que tú seas imperfecto porque Él también es imperfecto?

T: Eso no es lo que estoy diciendo y lo sabes. Sabemos que Dios es perfecto, eso no es la pregunta. Lo que yo dije fue que puedo ser imperfecto siempre y cuando yo sea lo mejor que puedo ser y en este sentido es como si fuera tan perfecto como Dios lo es. ¿Me entiendes?

E: ¿Qué? Repítemelo otra vez...

T: Lo que dije fue que es perfectamente normal que yo sea imperfecto, así como es perfectamente normal para Dios ser perfecto. Por lo tanto yo soy perfecto en mi imperfección así como Dios es perfecto en Su perfección.

E: T, yo creo que necesitas un poco de aire fresco. W.E. Vine, un erudito del griego de considerable distinción eliminó parte de la confusión de la traducción de *teleios*, la palabra griega para *perfecto*. El dijo que significa ser completo o totalmente maduro (como tú lo entiendes) pero añadió que la palabra expresa la idea bondad sin necesariamente hacer una referencia a la madurez.[29] Su comentario tiene sentido en la simple lectura del versículo y tomando la definición común de *perfecto* en el diccionario. El versículo dice que debemos ser como nuestro Padre—en otras palabras, perfecto en santidad. La pregunta no es, ¿tiene esto sentido al hombre natural? La pregunta es, ¿qué es lo que la Palabra dice? Leamos el versículo otra vez, "Sed, pues, vosotros perfectos, como vuestro Padre que está en los cielos es perfecto". Yo entiendo cada una de las palabras por separado y también las entiendo cuando son usadas juntas en una proposición. Estoy seguro que tu también.

T: Yo entiendo lo que dices. Es solo que no es posible que las palabras quieran decir lo que dicen. No es posible que nosotros

---

[29]   W. E. Vine, *Vine's Complete Expository Dictionary of Old and New Testament Words*, (Nashville, TN: Thomas Nelson Publishers, 1985) *teleios*, perfecto, 466.

seamos perfectos. Desearía que si lo fuera, pero no podemos hacerlo. Lo he intentado. Las palabras deben significar otra cosa.

E: Ah, ahora veo el problema. Tu estas tratando de comprender la sabiduría de Dios con el intelecto y la experiencia del hombre. No puedes hacerlo en tu propio entendimiento. Dios es más grande que nosotros. Sus pensamientos son más altos que los nuestros, así como los cielos son más altos que la tierra. Debemos humillarnos (un acto lleno de la bendición de Dios)[30] delante de la Palabra y pedirle al Señor que nos revele el significado de los versículos y como tenemos que obedecerlos. Cuando hacemos esto, Él lo hará, porque nos ama; *pero debemos venir a Él en sus términos.*

T: No te pongas todo metafísico conmigo. Ciertamente el Señor puede hablar, pero Él nos dio un sentido común y debemos usarlo. Desearía que tuvieras razón pero lo digo otra vez, las palabras no quieren decir lo que dicen. Debe haber una interpretación más profunda ya que toda persona honesta sabe que no podemos ser perfectos.

E: Te lo digo otra vez: la Palabra quiere decir lo que dice y dice lo que quiere decir. ¿Por qué persistes en insinuar que el Señor no piensa o habla en oraciones claras y entendibles? Después de todo, Él trató y trata de comunicarse con Sus hijos, aquellos quienes Él creó y ama. Él sabe que somos simples criaturas con una capacidad mental limitada y sin comprensión espiritual. Ciertamente Él elijé hablar en un idioma que podemos entender.

T: Bueno, ese es un buen punto. La verdad es que en mi corazón se que todo lo que estás diciendo es verdad. La Palabra de Dios quiere decir lo que dice. Si redefinimos cada versículo que no nos gusta, nos quedaremos con nada excepto la apestosa religión humana. Y habiendo estado en eso, déjame decirte que una religión no es suficiente.

E: ¡Eso es, T! El hombre natural no puede ser santo. Cuando somos encarados frente a la Palabra somos desechos. Solo podemos

---

[0]   Isaías 55:15; 66:2; Mateo 5:3.

temblar ante ella. Y eso es exactamente lo que el Señor quiere que entendamos. Los maestros que tú mencionaste, ya sea por ignorancia o insolencia, socavan el plan de Dios. Ellos confiadamente enseñan que ya que no es posible ser perfecto (o amar a Dios o a tu prójimo como a ti mismo, etc.) entonces no es posible que los versículos quieran decir lo que dicen. Por consecuente, ellos descaradamente quieren *corregir* a Dios, enseñando que el significado es *sé tan bueno como puedas*, o como ellos lo ponen, *se completamente maduro*. Ellos se mofan de la idea que el versículo quiere decir lo que dice (lo cual es, *se perfecto* de la misma manera que *Dios es perfecto*) y diluyen el versículo al nivel de su experiencia en vez de pedirle al Señor que eleve su entendimiento al nivel de su Palabra. Ellos sin ningún temor enseñan tonterías sin importarles la maldición que acarrea el predicar un evangelio diferente al cual hemos recibido.[31]

No solo tienen una teología errónea, pero su falta de fe es la causa de que pierdan el más importante punto: *en y por nosotros mismos, no podemos agradar a Dios*; tampoco podemos amarlo como debemos, ni a nuestro prójimo como a nosotros mismos; tampoco podemos ser perfectos ni cumplir el resto de la Escritura.

¿Entiendes?

T: Estoy empezando a entender. Somos un desastre y necesitamos la ayuda de Dios, ¿correcto?

E: ¡Sí! El hombre natural no puede agradar a Dios. Pero aún con este hecho, *debemos ser perfectos y debemos obedecer* a Dios en todas las cosas. Esto es una paradoja pero el entenderla es el comprender que estas desecho y deberías estas clamando al Señor preguntando, "¿Qué debo hacer?".

T: En realidad, W, he tratado de vivir una vida perfecta. Yo sé que no se puede hacer. Yo me desanime tanto que me di por vencido y empecé a escuchar a los que dicen que el significado es *ser lo mejor que puedas*.

---

[31] Gálatas 1:6–9.

E: *T, detengámonos aquí. No podemos y no debemos darnos por vencidos. Déjame contarte una de las cosas más importantes y más espantosas que jamás oirás. Jesús, que siempre hablaba la verdad, dijo, "Al que venciere, le daré que se siente conmigo en mi trono, así como yo he vencido, y me sentado con mi Padre en su trono".[32] El dará esta recompensa a los que vencieren; aquellos que no lo hagan no se sentaran con Él en Su trono.*

Imagínate a ti mismo en la próxima vida. Tú te sentaras en un glorioso lugar de honra con el Señor en Su trono o no lo harás. Imagina la pérdida si cambias esta perla de gran precio por cualquier tesoro, placer o excusa temporal. Si no vences en esta vida, tendrás tus manos vacías en la eternidad y será tu culpa. Esaú vendió su primogenitura por un plato de lentejas y cuando entendió su insensatez fue demasiado tarde. Ninguna cantidad de lágrimas pudo deshacer su error.[33]

No debemos darnos por vencidos.

T: Eso es espeluznante, W. Estoy avergonzado por mi descuidada búsqueda del Señor.

W: En esta carne, no puede ser hecho pero debemos alcanzar la perfección. Las buenas noticias son que cuando entendemos esto, estamos listos para el rescate. Su provisión es la única forma de salir de este dilema. Él se encontrara con nosotros pero solo a Su manera. Existe un camino para poder amar al Señor con todo tu corazón, mente, alma y fuerza; existe un camino para poder de ser perfecto; existe un camino para poder cumplir todos los requerimientos de la Palabra; existe un camino, y de hecho, en los días del Nuevo Testamento (NT), se le llamaba ¡el *Camino*! Fue *el camino* en el cual los creyentes judíos y gentiles fueron instruidos y exhortados

---

[32] Apocalipsis 3:21.
[33] Hebreos 12:16–17.

a caminar. Es discutido en la Palabra sobre cada iglesia del NT.[34] ¡*El camino* de la Biblia es *el camino* para nosotros hoy!

Debemos ser llenos y caminar en el Espíritu. Pablo dijo, "Caminad en el Espíritu y no seguirán los deseos de la carne"[35] El fruto del Espíritu es *amor, gozo, paz...* Podemos amar a Dios como debemos cuando estamos llenos y caminamos en el Espíritu Santo.

T: En mi corazón yo se que dices la verdad. Yo desesperadamente quiero aprender el camino del Espíritu. [T se quebranta y confiesa que él estaba en camino de necedad. Sus pecados son perdonados y el Espíritu lo consuela. Después de un tiempo, ellos prosiguen.]

E: Me regocijo contigo, Hermano T. Dios es bueno.

T: No puedo esperar para aprender las cosas que estás hablando.

E: Necesito regresar a nuestra discusión para hacer un último e importante punto final. Es este: debe haber un progreso en nuestro aprendizaje, una forma más certera de entender la Escritura. No debemos interpretar un versículo basado en lo que pensamos que significa una palabra (por ejemplo, *perfecto*, en nuestra discusión), aún si tenemos entendimiento de su significado en el griego. También debemos tomar el siguiente paso. Es decir, debemos asegurarnos que entendemos la palabra en su oración inmediata. Ambos pasos son mandatorios. También debemos ver la palabra en su contexto más amplio. En nuestro caso, fue Mateo 5 hasta el 7, el Sermón del Monte. Observa los detalles en estos capítulos. Estos clarifican y añaden a la profundidad del significado de *perfecto*, ya que estos están llenos de requerimientos *imposibles*. Sin embargo, Jesús dijo que debemos cumplir no solo la letra pero también el espíritu de la ley. Por ejemplo, la ley dice que no debemos cometer adulterio. Él lo elevó a un nivel superior.

---

[34]   Se muestra en Hechos, Romanos, Corintios, Gálatas, Efesios, Filipenses, Colosenses, Timoteo, Tito.

[35]   Gálatas 5:16.

"Cualquiera que mira a una mujer y la codicia ya ha cometido adulterio con ella".[36] Cuando estudias todo el Sermón se vuelve claro: El quería decir se perfecto como nuestro Padre es perfecto. En nuestra carne, es imposible. Y este era el punto que Jesús hacía. No podemos hacerlo sin abrazar la provisión de Dios, ya que toda *nuestra* justicia es como trapos inmundos. ¿Puedes ver cómo funciona esto?

T: Velos han sido removidos de mis ojos. La lógica del hombre me engaño otra vez.

Y los dejamos a celebrar la gloria de Dios en privado.

El último pensamiento es este: cuando los hombres rechazaron la enseñanza de Jesús, Él no los destruyó. Él solo hablo la verdad. Sin embargo, lo que Él dijo juzgará en el último día.[37] Podemos obedecer o no. Podemos orar a *nuestra manera* en nuestros propios caminos y tener *nuestra propia* religión o podemos hacerlo a Su manera y en Su camino. Pero a menos que obedezcamos Su Palabra, todo lo que tenemos es *nuestra* religión. La religión sin obediencia a Dios es una religión sin Su Palabra. Esta es la definición precisa de *iniquidad*[38] y es una maldición. Muchos son culpables de tener una religión a su propia manera, de acercarse a Dios con desdén de sus mandamientos, ya que estos muestran cómo acercarnos a Él. Sus vidas de oración raramente se alinean con Su Palabra. Pero Él simplemente habla su palabra y nos deja a nosotros la elección de obedecerla o no.

Recuerde lo que El dijo,

"No todo el que me dice: Señor, Señor, entrará en el reino de los cielos, sino el que hace la voluntad de mi Padre que está en los cielos. Muchos me dirán en aquel día: Señor, Señor, ¿no profetizamos en tu nombre y en tu nombre echamos fuera demonios y en tu nombre

---

[36]   Mateo 5:27–28.

[37]   Juan 12:47–50.

[38]   O *sin ley.*

hicimos muchos milagros? Y entonces les declararé: Nunca os conocí; apartaos de mí, hacedores de maldad".[39]

El día viene cuando la Palabra que Él habló será manifestada en poder y juzgará a los que la ignoran en estos días.

---

[39]   Mateo 7:21–23.

Llenos del Espíritu

L OS CREYENTES JUDÍOS y gentiles fueron exhortados a amar al Señor con todos sus corazones, mentes, almas y fuerzas; a ser perfectos y a cumplir la Palabra. Dios dio a Su Hijo, a Su Palabra y a Su Espíritu para darles el poder de hacerlo. Puede ser hecho. El Espíritu Santo es el catalizador. Él es Espíritu anunciado por los profetas. Juan el Bautista fue enviado en Su poder. Él fue derramado sobre Jesús sin medida. Los apóstoles y otros se reunieron en el Aposento Alto donde fueron bautizados con el Espíritu en el Pentecostés. El evangelio de Jesucristo fue esparcido alrededor del mundo por el poder del Espíritu.

Este es el Espíritu que nos llena. En Él tomamos parte del poder del siglo venidero, vencemos todas las cosas, llevamos fruto, agradamos a Dios y ganamos recompensas eternas. ¡Regocijémonos y seamos llenos!

La Provisión del Espíritu

Joel profetizó que el Espíritu sería derramado.[40] Aquellos que esperaron en el Aposento Alto fueron llenos y luego predicaron con gran poder. Miles fueron salvos, y señales y maravillas testificaron de la unción del Espíritu sobre sus ministerios. Ellos recibieron el poder para vivir santamente y caminar en los dones y el fruto del Espíritu.

---

[40] Joel 2:28–29; Hechos 2.

Su plenitud está disponible para los creyentes el día de hoy. Este capítulo presenta el camino hacia la presencia de Dios en la plenitud del Espíritu. Ya hemos aprendido que honrar, adorar y santificar el nombre de Dios nos mueve de las limitaciones del hombre natural a la libertad en el Espíritu. Entramos profundamente en el Espíritu y nos alejamos de las cosas de este mundo cuando obedecemos el Salmo 100 y gozosamente agradecemos, alabamos y cantamos a Dios.

Efesios expande la enseñanza ordenando: "Sed llenos del Espíritu, hablando entre ustedes con salmos e himnos y canticos espirituales, cantando y creando en sus corazones una melodía al Señor".[41] Salmos, himnos y canticos espirituales[42] nos ayudan a abrirnos mas para con el Señor. Su presencia brilla en nosotros. Nos hacemos más sensibles a Su poder y magnificencia y podemos entender la oración de Pablo:

> Para que os diera… ser fortalecidos con poder por Su Espíritu en el hombre interior, que Cristo habite en vuestros corazones por la fe; a fin que arraigados y cimentados en amor, seáis capaces de comprender con todos los santos cual sea la anchura, la longitud, la profundidad y la altura—para conocer el amor de Cristo que excede a todo conocimiento, para que seáis llenos de toda plenitud de Dios.[43]

---

[41] Efesios 5:18–19. Algunos aplican esta singularidad a la iglesia. Pero aunque no la excluye, también habla de individuos, ya que creamos una melodía en *nuestros* corazones para el Señor. *Nuestros* corazones no se hablan entre sí; nosotros cantamos en voz alta, claro, pero hacemos la melodía en *nuestros* corazones de manera privada. Primera de Corintios 14 subraya este punto, enseñándonos a *edificarnos* a nosotros mismos en el Espíritu. Como individuos somos edificados, el Cuerpo toma de esto y también es edificado.

[42] *Canticos espirituales* significa lo que se imagina – es decir, lo que las palabras implican, *canticos espirituales significan canticos en lenguas*. Esto es claramente explicado por Pablo (1 Cor. 14:14-16) y respaldado por Gordon D. Fee, *God's Empowering Presence*, (Peabody, MA: Hendrickson Publishers, Inc., 1994), 718, nota a pie de página 189 y 653-54.

[43] Efesios 3:16–19.

¿Qué nos queda pero desear el ser cambiados a Su semejanza y habitar con Él en una adoración de amor? En el Espíritu podemos irradiar la humildad de Jesús, ya que en la plenitud de Su presencia podemos ser como nuestro Maestro. Las cosas mundanas son como nada para aquellos que están de tal manera llenos.

Pablo trabajó con esfuerzo para tener semejante gloria tan bendecida.

Primera de Corintios 12 añade que el Espíritu da dones espirituales a la iglesia. Es una bendición que lo haga. Considere nuestra impotencia: el hombre natural no puede ver el mundo espiritual o entrar en guerra espiritual sin estas provisiones. Pero a través de Sus dones, tenemos acceso a cosas que de otra manera no podríamos conocer. Esto estará en vigor hasta que ya no necesitemos los dones—es decir, hasta cuando veamos al Señor cara a cara. Considere lo siguiente:

> El amor nunca falla. Pero las profecías se acabarán y las lenguas cesarán y el conocimiento cesará. Porque en parte conocemos y en parte profetizamos. *Pero cuando venga aquello que es perfecto entonces lo que es en parte se acabará.* Cuando yo era niño, hablaba como niño, pensaba como niño, juzgaba como niño; mas cuando ya fui hombre, dejé lo que era de niño. *Porque ahora vemos por un espejo, oscuramente; pero entonces* (cuando lo que es perfecto venga) *veremos cara a cara. Ahora conozco en parte pero entonces conoceré como fui conocido.*[44]

Necesitaremos los dones hasta que veamos al Señor cara a cara, aún Pablo solo podía ver en parte. Hasta que lo *veamos*, confiemos y obedezcamos al Espíritu y la Palabra: busquemos fervientemente los dones espirituales y usémoslos para aprender y ser consolados.[45]

Dos veces[46] se nos ordena el "*anhelar* [fervientemente codiciar[47]] *los dones espirituales…* "; los necesitamos. Agradezcamos y obedezcamos al Señor y fervientemente codiciemos los dones del Espíritu.

---

[44] 1 Corintios 13:8–12.
[45] 1 Corintios 14:31.
[46] 1 Corintios 12:31; 14:1.
[47] QuickVerse, 1 Corintios 14:1, G2206.

> *Pausemos por un momento. Tan claramente como pudieran las palabras ser escritas, ¡se nos ordena a codiciar los dones espirituales! Esto es fácil de entender. ¿Lo hacemos? Si no, ¿por qué no? ¿Qué le diremos al Señor cuando nos pregunte porque no vivimos una vida más poderosa y porque no anhelamos sus dones? No será suficiente culpar al pastor. Si, los pastores recibirán más azotes[48] pero ninguno que ignore esta exhortación será inocente.*

Primera de Corintios 14 cubre el *hablar en lenguas*. Pablo dijo que eran vitales para cada creyente, incluyéndose a sí mismo. El Señor no proveyó de tal don para negárselo a aquellos que lo busquen de acuerdo con Su Palabra. La estipulación es que las lenguas son privadas y si se usan en la iglesia, deben ser interpretadas, lo cual es igual a profetizar. Nos enfocaremos en este don debido a la importancia y a la controversia que lo rodea. En ocasiones pertinentes, los versículos serán escritos en cursiva[49] y comentarios acerca de ellos serán insertados en paréntesis.

Comencemos.

"El que habla en lenguas se edifica a si mismo ..." (¡Gloria a Dios! Cuando hablamos en lenguas, nos edificamos [fortalecemos] en el Espíritu. ¡Esto es maravilloso! Cuando nos edificamos, podemos ser llenos y caminar en el Espíritu y por consecuente vencer a la carne, agradarle a Dios y tener fruto espiritual en nuestras vidas con el cual ministrar a la Iglesia. Esto es respaldado por Judas[50] y ¡es el único lugar en las escrituras donde se nos dice *como* fortalecernos a nosotros mismos en el Espíritu!)

"Quisiera que todos vosotros hablaran en lenguas". (Pablo afirma esto tan claramente posible: hablen en lenguas, creyentes).

"Por lo cual, el que habla en lenguas oré que pueda interpretarlas. Porque si oro en lenguas, mi espíritu ora, pero mi entendimiento queda sin fruto". Él clarifica que orar en lenguas es orar en el Espíritu. Una vez visto aquí, es fácil notarlo

---

[48] Santiago 3:1.

[49] Los versículos en discusión son citados en el siguiente orden: 1 Corintios 14:2, 4-5, 13, 15-18, 39.

[50] Judas 20–23.

en otras partes en las escrituras de Pablo. Por ejemplo, veamos el siguiente versículo).

"¿Cuál pues es la conclusión? Oraré en el espíritu[51] *y también orare con el entendimiento. Cantaré en el espíritu y también cantare en el entendimiento".* (Para Pablo, el orar y cantar en lenguas es sinónimo con el orar y cantar en el Espíritu).

"Porque si bendices sólo con el espíritu, ¿cómo podrá aquel que ocupa el lugar de simple oyente decir Amén a tu acción de gracias si no sabe lo que has dicho?" (El lo volvió a repetir: orar en el Espíritu es orar en lenguas).

"Porque tú, a la verdad, bien das gracias; pero el otro no es edificado". (Pablo dice que el bendecir con lenguas [Espíritu] es dar buenas gracias, pero como son lenguas, la otra persona no puede entender).

"Le doy gracias a mi Dios que hablo en lenguas más que todos vosotros ... " (¡Wow! Pablo sabía que hablar y cantar en lenguas era crucial para vivir una robusta y victoriosa vida espiritual; una vida que él mismo vivía. Es una vida que él anhelaba ver en la iglesia).

Finalmente, *"Así que, hermanos, procurad profetizar, y no impidáis el hablar en lenguas".* (El último comentario de Pablo en el tema en el capítulo 14 lo dice todo: *"No prohíban el hablar con lenguas"*).

> *Preguntémonos una vez más: si Pablo puso tanta importancia en hablar en lenguas, ¿por qué alguien que desea más de Dios no buscaría unirse con Pablo en decir, "Agradezco a mi Dios que hablo en lenguas más que todos vosotros"? Se nos ordena a hablar en lenguas como uno de los dones del Espíritu. ¿No debería ese ser un deseo ardiente para cada uno de nosotros? Si no, ¿Por qué no lo es? Debemos persistir; debemos prevalecer. ¡Dios no promete algo y no lo da!*

---

[51] Fee, 121–25; 131–34; 222; 228–31. La respuesta más viable para esta ambigüedad es que en el lenguaje "mi espíritu ora", Pablo habla de su propio espíritu orando conforme el Señor le da que hable. Por lo tanto, "Mi E/espíritu ora".

En el capítulo 6, discutiremos reuniones de casa donde la adoración, el vivir en el Espíritu, los dones y el fruto del Espíritu pueden ser enseñados, ya que "Podéis profetizar los unos por los otros, para que todos aprendan y sean animados".[52] La voz del Espíritu debe ser reconocida. Las ovejas individuales deben conocer la voz de Jesús: "Y las ovejas oyen su voz; y a sus ovejas las llama por nombre, y las saca. Y Cuando ha sacado fuera todas las propias, va delante de ellas; y las ovejas le siguen, porque conocen su voz. Mas por ninguna causa seguirán al extraño, sino huirán de él, porque no conocen la voz de los extraños".[53] Esto no es posible fuera del Espíritu.

> *Este libro no es retorico; es una síntesis de la Escritura. Aprender a escuchar la voz del Espíritu es crucial. Jesús dijo siete veces, "El que tenga oído que oiga lo que el Espíritu dice a las iglesias."* [54] *Usted tiene un oído a través del ser lleno y caminar en el Espíritu.*

Otras Consideraciones

Las cinco vírgenes insensatas[55] hubieran sido la novia si hubieran estado llenas del Espíritu. Pero su provisión estaba en el hombre natural y por falta de aceite fueron dejadas fuera. Debemos evitar su insensatez y tener abundancia de aceite y ser contados con las cinco vírgenes sabias.

Mucha maldad es contra nosotros. Estamos en un conflicto desesperado. Nuestras almas y la vida de la iglesia están en riesgo. Tenemos a un enemigo feroz que devora a los que puede y lo hará hasta que sea lanzado al lago de fuego. Hasta entonces, debemos luchar. Pablo dijo, "Las armas de nuestra milicia no son carnales pero poderosas en Dios para la destrucción de fortalezas, derribando argumentos y toda altivez que se levanta contra del conocimiento de Dios, y llevando cautivo todo pensamiento a la obediencia de Cristo…"[56] En el poder del Espíritu y en obediencia a la Palabra, debemos

---

[52]   1 Corintios 14:31-33.

[53]   Juan 10:2–5.

[54]   Apocalipsis 2–3.

[55]   Mateo 25:1–13.

[56]   2 Corintios 10:4–5.

avanzar hacia el reino y la paz de Dios.[57] Hemos recibido potestad para ser Sus hijos.

> [58]He aquí yo mando la Promesa de Mi Padre sobre vosotros pero esperad en la ciudad de Jerusalén hasta que seáis investidos de poder de lo alto... y de repente vino del cielo un viento recio que soplaba, el cual llenó toda la casa donde estaban sentados. Entonces se les aparecieron lenguas repartidas, como de fuego, asentándose sobre cada uno de ellos. Y fueron llenos del Espíritu Santo y comenzaron a hablar en otras lenguas como el Espíritu les daba... Pero procurad, pues, los dones mejores... Desde los días de Juan el bautista hasta ahora, el reino sufre violencia, y los violentos lo arrebatan... Ya que tenemos una promesa de entrar a Su descanso, temamos pues, que no quedemos cortos de alcanzarla... Por tanto, hay un descanso para el pueblo de Dios... Procuremos entrar en aquel reposo para que ninguno caiga...

Debemos entender, creer, ser llenos y perseverar hasta que entremos en Su reposo—diariamente. Podemos tomar nuestro lugar bajo la sombra del Altísimo; podemos habitar aseguradamente detrás del muro de justicia. Hemos sido proporcionados con poder, una armadura y dones. Usémoslos. No debemos ser como las cinco vírgenes insensatas que se separaron de la llenura de Su Espíritu y fueron dejadas fuera.

Seguramente muchos están listos para gritar:

> *Te escuchamos. Estamos de acuerdo. ¡Queremos esto! ¿Pero cómo podemos avanzar hacia el reino y la paz de Dios?*

¡Aleluya! Esta es la pregunta correcta. La respuesta se encuentra en la vida de la iglesia en...

---

[57]   Hebreos 4:1–11.

[58]   Este párrafo es de Lucas 24:49; Hechos 2:2-4; 1 Corintios 12:31; Mateo 11:12; Hebreos 4:1, 9, 11.

Darell B. Dyal

Una Reunión de Oración al Estilo Antiguo

El reloj de péndulo marcaba 7:15 p.m. El Anciano[59] Jensen continuaba su lenta caminata de oración dentro de un círculo de cómo veinte asientos en su sala. Algunas sillas estaban colocadas cerca del piano a un costado del cuarto. Él sabía que los santos llegarían pronto. Entrenado en los caminos del Espíritu, ellos habían tenido una hermandad por años. Llegarían a tiempo y adorarían al Espíritu.

Él tenía razón. Ellos llegaron casi simultáneamente. Algunos trajeron a sus hijos. Rápidamente se saludaron y tomaron sus lugares. María se sentó en el piano y comenzó a tocar suavemente algunos himnos conforme el Espíritu la llevaba. No había charla y la mayoría tenían sus ojos cerrados. Una actitud de reverencia llenaba el lugar. Algunos comenzaron a levantar sus manos y comenzaron a adorar y alabar. Otros oraban en voz baja en el entendimiento y otros en lenguas. En unos pocos minutos el coro comenzó. Luego le siguió un tiempo de canto y adoración.

El anciano no dijo nada. Él sabía que el Espíritu Santo estaba con ellos dirigiendo la reunión. El Señor le había hablado ese día en la mañana cuando el espero en Su presencia en oración acerca de la reunión. Él sabía que esa noche sería una noche de intercesión. El enemigo había venido como una inundación. Malentendidos y mentiras entre algunos de los nuevos creyentes se agravaban. El diablo buscaba dividir y devorar.

Una espera lleno el lugar. María dejo de tocar, no había más canciones. En sus corazones, los santos se enfocaron en el Señor,

---

[59] El idioma griego usa una palabra, *presbuteros*, para describir a hombres que el Espíritu Santo levanta para cuidar espiritualmente a la iglesia. En inglés y español a estos hombres a menudo se les llama pastores o lideres pero las palabras más correctas que deberían usarse son "ancianos", "supervisores" o "pastores (cuidadores de rebaño)". Deberíamos usar estos términos más precisos y con mayor significado tanto como sea posible en nuestro pensamiento y escritura. Mayor información sobre el significado de estos términos se encuentra en el capítulo 7.

calladamente esperando en Él, porque presentían que Él estaba a punto de hablar. Individualmente *revisaron su interior* para ver si Él quería hablar a través de ellos. Al paso de cómo un minuto, alguien dijo, "Hermano Jensen, yo vi una visión de un gran dragón rojo. El era astúto y feroz. Él les susurraba a algunas personas que no pude ver. Yo siento que estos ya eran salvos pero no estoy seguro. Ellos estaban en peligro y no lo sabían. El dragón quería destruirlos pero primero tenía que persuadirlos de salir del rebaño".

Después de eso, una profecía habló de destrucción y se convocó un tiempo de oración.

El Espíritu se movió en su interior y empezaron a orar fervientemente y en voz alta. Empezaron a orar con el entendimiento y con lenguas. En ciertos comentos, alguien comenzaba a cantar un coro, a menudo, sobre la sangre de Jesús. Varias veces, tiempos de silencio y espera estaban sobre ellos y el Espíritu les daba más revelación. Pero en general, ellos simplemente oraban fervientemente. Oraron por más de una hora y cuando la carga se levanto, descansaron en Su presencia.

Luego, el Anciano Jenkins dijo, "Bendito es el Señor que ha compartido con nosotros en esta noche el privilegio de trabajar con Él para las amadas ovejas de Jesús. Antes de terminar nuestra reunión, quisiera abrir la Palabra". El les recordó que la Biblia *es una luz a nuestro camino y lámpara a nuestros pies*. Los creyentes caminan en y son guiados por el Espíritu, pero el Espíritu enseña la Palabra. Él nunca dirige a la iglesia a desobedecer o a estar en desacuerdo en ella. El líder también les recordó que la Palabra dice, "Cuando oren..." y da instrucciones específicas de como orar. El dijo, "la cosa *más importante que podemos pedir es que* el reino de nuestro Padre venga y se haga Su voluntad en la tierra como lo es en cielo". No debemos desobedecer o ignorar su mandamiento. Debemos saber que Su reino viene a través de Sus siervos ungidos y que la oración adjunta fue que Él mandara obreros a Su cosecha".[60] Jensen explicó una vez más que debería haber pocas reuniones de oración

---

[60] Salmo 119:105; Mateo 6:9–10; 9:35–38.

donde después de un tiempo de alabanza y adoración, las oraciones no comiencen con esas líneas. El advirtió sobre tener una religión llena de las ideas del hombre y no de la Palabra de Dios.

Esa es la esencia de cómo vivir una vida victoriosa en el Espíritu. Estos santos hicieron todo lo nosotros deberíamos hacer diariamente. Ellos entraron a la presencia del Señor, pidiendo únicamente el privilegio de ministrarle a Él y ser usados para cumplir Sus planes. Ellos se motivaron los unos a los otros en la fe y las buenas obras. Ellos se amaron los unos a los otros, partieron el pan y convivieron juntos en la Palabra y en sus vidas naturales.

Con este ejemplo en mente, regresemos a dar un vistazo a nuestros closets de oración personal *¡esta mañana!* ¿Obedecimos la Palabra, honramos a Dios y lo adoramos porque Él es digno? ¿Lo hicimos porque lo amamos y amamos honrarle? ¿Entramos a Su misma presencia y en ese lugar, fuimos frescamente llenos con Su Espíritu? ¿Oramos como su Palabra lo ordena? ¿Saboreamos una vez más el gozo de ser aceptados y amados por el Dios Todopoderoso?

Aquellos que lo hicieron están entre los pocos, aquellos que no, pudieron hacerlo. Estos pueden aprender en el poder del Espíritu a vencer para sí mismos y para el Cuerpo de Cristo. Es una elección.

Pero antes de dejar este tema, hay dos puntos finales:

1) Somos llenos con el Espíritu no para *hacer* algo, pero para *ser* como alguien—es decir, para ser como Jesús. Debemos ser como Él es y hacer lo que Él hace. "Venid a mí todos los que estáis trabajados y cargados, y yo os haré descansar. Llevad mi yugo sobre vosotros, y aprended de mí, que soy manso y humilde de corazón; y hallaréis descanso para vuestras almas; porque mi yugo es fácil, y ligera mi carga... De modo que si alguno esta en Cristo, nueva criatura es; las cosas viejas pasaron; he aquí todas son hechas nuevas".[61] Esto es hecho en el Espíritu Santo.

De esta *nueva creación* fluye una vida victoriosa y abundante. Podemos reflejar en la gracia y la belleza de nuestro Señor cuando estamos en la llenura de Su Espíritu. Él es gentil y humilde de corazón; nosotros también podemos serlo.

---

[61] Mateo 11:28–30; 2 Corintios 5:17.

Él tiene una carga que compartir con nosotros; debemos alcanzar y tomarla. Así como Él se humillo a sí mismo para obedecer a Su Padre, así también nosotros debemos hacerlo en el Espíritu. Cuando lo hacemos, tenemos el fresco aroma de nuestro Maestro. Que fragancia tan bendita es para aquellos que nos rodean.

2) El otro punto es este. Una "mujer que padecía de flujo de sangre desde hace doce años, y que había gastado en médicos todo cuanto tenía, y por ninguno había podido ser curada, se le acercó por detrás y tocó el borde de su manto; y al instante se detuvo el flujo de su sangre. Entonces Jesús dijo: ¿Quién es el que me ha tocado? Y negando todos, dijo Pedro y los con él estaban; Maestro, la multitud te aprieta y oprime, y dices: ¿Quién es el que me ha tocado? Pero Jesús dijo: Alguien me ha tocado; porque yo he conocido que ha salido poder de mí. Entonces, cuando la mujer vio que no había quedado oculta, vino temblando, y postrándose a sus pies, le declaró delante de todo el pueblo por qué causa le había tocado, y cómo al instante había sido sanada. Y él le dijo: Hija, tu fe te ha salvado; vé en paz."[62]

La mujer tocó a Jesús en fe y poder fluyo de Él hacia ella. Ella fue sanada *¡a causa de su fe!* Y así es con nosotros. Nuestra fe en estos asuntos del Espíritu puede tocar y complacer al Señor. Podemos ser llenos; podemos hablar en lenguas; podemos estar abiertos a los dones y podemos operar con ellos en obediencia. Cuando lo hacemos, nos movemos más cerca a escuchar esas palabras benditas: "Bien hecho buen siervo fiel".[63]

Pero nosotros no le ordenamos al Señor que debe de hacer, Él es soberano. Él hará lo que quiera. Quizá nos dirá como al profeta,[64] "habla a esos huesos secos para que vivan" o quizá no. Él decide. La única autoridad que tenemos con Él es lo que nos da por su Palabra. Este poder no es para una locura de servirnos a nosotros mismos, es decir, para nombrar y reclamar lo que elegimos. No tenemos autoridad sobre Dios. ¿Por qué la tendríamos? Nuestra *autoridad* viene de la revelación de la palabra del Espíritu Santo cuando es activada por la voluntad de Dios para su propósito—punto.

---

[62] Lucas 8:43–48.

[63] Mateo 25:14–21.

[64] Ezequiel 37.

Después de que Él nos ha probado como amigos confiables con Su negocio siendo el nuestro y Sus mandamientos siendo los nuestros, Él nos dará la tarea de hacer su voluntad como Él lo quiera si lo quiere hacer. Entonces Su poder será demostrado una vez más en la tierra y cuando hablemos como se nos ha ordenado, los huesos muertos se estremecerán, se juntarán y serán cubiertos por carne. El aliento de vida fluirá y los huesos secos revivirán. O no lo harán, Él decide.

Aquellos que insisten en tener su propia religión un día tendrán que enfrentar Su terrible rechazo. La religión no es un juego y no puede ser ignorada. Cada hombre es víctima o victorioso. Dios lo ha invertido todo en la humanidad. Él requiere nuestra participación completa en el Espíritu Santo.

Caminar en el Espíritu

E L SER LLENOS del Espíritu Santo es el comenzar una gloriosa jornada. Pero no podemos detenernos allí. Debemos vivir y caminar en el Espíritu.

> Andad en el Espíritu y no cumpliréis los deseos de la carne. Porque el deseo de la carne es en contra del Espíritu y el del Espíritu es en contra de la carne; y éstos se oponen entre sí, para que no hagáis lo que quisiereis... Y manifiestas son las obras de la carne, que son: adulterio, fornicación, inmundicia, lascivia, idolatría, hechicerías, enemistades, pleitos, celos, iras, contiendas, disensiones, herejías, envidias, homicidios, borracheras, orgias, *y cosas semejantes* a estas; acerca de las cuales os amonesto, como ya os lo he dicho antes, que *los que practican tales cosas no heredarán* el reino de Dios. Mas el fruto del Espíritu es amor, gozo, paz, paciencia, benignidad, bondad, fe, mansedumbre, templanza; contra tales cosas no hay ley. Pero los que son de Cristo han crucificado la carne con sus pasiones y deseos. Si vivimos por el Espíritu, andemos también por el Espíritu.[65]

Este pasaje está cargado con visión e instrucción: debe vivir en el Espíritu para vencer a la carne; luche en contra de la carne en el Espíritu; conquiste a

---

[65]   Gálatas 5:16–25.

la carne para heredar el reino de Dios; el fruto espiritual es un precursor a una vida celestial; crucifique a la carne para ser de Cristo; practique las obras de la carne para perder a Cristo y camine en el Espíritu para vivir en el Espíritu.

Algunos podrían exclamar diciendo, "No te creo. Una vez que te salvas siempre serás salvo". La Palabra dice, "Aquellos que practican tales cosas *no heredaran el reino de Dios*". El ser salvo y continuar viviendo una vida a su propia manera (porque después de todo, usted realmente ama a Jesús) es una doctrina del hombre y no de Dios. La falla de vencer a la carne es la muerte. Romanos agrega,

> Ahora, pues, *ninguna condenación hay para los que están en Cristo Jesús, los que no andan conforme a la carne,* sino conforme al Espíritu. *Porque el tener una mente carnal es muerte,* pero el tener una mente espiritual es vida y paz. Por cuanto la mente carnal es enemistad contra Dios porque no se sujeta a la ley de Dios, ni tampoco puede. Porque *los que viven según la carne no pueden agradar a Dios...* Así que, hermanos, deudores somos, no a la carne, para que vivamos conforme a la carne; porque *si vivís conforme a la carne moriréis,* mas si por el Espíritu hacéis morir las obras de la carne, viviréis.[66]

De muchas advertencias sombrías, encontramos esta:

> Y el que estaba sentado en el trono dijo: "He aquí, yo hago nuevas todas las cosas". Y me dijo: "Escribe; porque estas palabras son fieles y verdaderas". Y me dijo, "¡Hecho está! Yo soy el Alfa y la Omega, el principio y el fin. Al que tuviere sed, yo le daré gratuitamente de la fuente del agua de vida. El que venciere heredará todas las cosas, y yo seré su Dios, y él será mi hijo. *Pero los cobardes e incrédulos, los abominables y homicidas, los fornicarios y hechiceros, los idólatras y todos los mentirosos* tendrán su parte en el lago que arde con fuego y azufre, que es la muerte segunda".[67]

Estos terribles pecados están fuera de control en la iglesia, incluyendo la mentira. Los mentirosos descarados son maliciosos, corruptos, y no

---

[66] En Romanos 8:1–17.
[67] Apocalipsis 21:5–8.

confiables; ellos practican la mentira y el engaño sin cesar. Su estilo de vida es abominable y con un certero fin. Pero un mentiroso más sutil miente cuando es necesario o conveniente. Un estudio reportó que más del 99% de sus participantes admitieron mentir al menos una vez al día. ¿Puede imaginarlo? Pero, ¿Cuánta gente cree que dice la verdad todo el tiempo? ¿Al menos parte del tiempo? Parecería que muchos han perdido contacto con la verdad. Ellos mienten conscientemente por agendas políticas, corporativas o personales, excusándose a sí mismos—aún con sus seres queridos—diciendo que es necesario para el bien común.

Dios dice, "¡Error!" El advierte que *todos los mentirosos tendrán su parte en el lago de fuego*. No se engañe a usted mismo o justifique a su carne. Diga la verdad. El lago de fuego es para siempre...

Usamos el ejemplo de la mentira, pero de hecho, la carne lucha por corromper cada parte de nuestra mente. Es posible que usted siempre diga la verdad. Pero, ¿Acaso juzga duramente las *cosas tontas que la gente tonta hace*? ¿Se llena de ira por el tráfico o carreteras cerradas? ¿Acaso es usted vencido por la pornografía, la indiscreción sexual, la envidia de otros, el orgullo o el odio? La lista no tiene fin.

El caminar en el Espíritu es la única forma de vencer a la carne. Este capítulo enseña cómo hacerlo. Comienza con el Buen Pastor: dejemos que Él nos enseñe. Escuche lo que Él dice y observe lo ya ha hecho. Adoptemos Su actitud y tomemos Su yugo sobre nosotros; caminemos en Su carga y sigamos Sus pasos. Los siguientes pasajes nos muestran el camino.[68]

> "Jesús subió del agua y he aquí, los cielos fueron abiertos y él [Juan el Bautista[69]] vio al Espíritu de Dios descender como una paloma y venía sobre Él. Y hubo una voz de los cielos diciendo: Este es mi Hijo amado, en quien tengo complacencia". (El Espíritu lleno a Jesús. ¿Cuánto más debemos nosotros serlo?)

---

[68] Mateo 3:16–17; 4:1; Hechos 10:36–38; Juan 5:19, 30; 6:38; 8:26–30, 38 ; 12:23–26; 13:13–17; 14:10, 31; 15:10.

[69] Juan 1:32.

"Luego Jesús fue guiado por el Espíritu al desierto para ser tentado por el diablo". (El Espíritu guío a Jesús. ¿Cuán mayor es nuestra necesidad?)

"Dios ungió a Jesús de Nazaret con el Espíritu Santo y con poder, y éste anduvo haciendo bienes y sanando a todos los oprimidos por el diablo, porque Dios estaba con Él". (Si Jesús fue ungido con el Espíritu y con poder y Dios estaba con Él, ¿Cuán mayor es nuestra necesidad? ¿Cómo nos atrevemos a presumir que servimos a Dios sin la llenura del Espíritu?)

"De cierto, de cierto os digo: No puede el Hijo hacer nada por sí mismo, sino lo que ve hacer al Padre; porque todo lo que el Padre hace, también el Hijo igualmente". (Si Jesús no podía hacer nada por sí mismo, *¿cómo podemos presumir el hacer algo por nosotros mismos?* Él podía hacer solo lo que veía al Padre hacer. ¿Podremos nosotros hacer más? Si el Espíritu no nos revela lo que el Padre está haciendo, entonces, ¿Por qué pensamos que podemos hacer alguna cosa? *¡Esta es la razón por la cual no hay poder en la iglesia!* No habrá ningún poder hasta que caminemos en el Espíritu y tengamos y obedezcamos los mandamientos de Jesús. Solo entonces se moverá el Espíritu conforme a los propósitos de Dios.)

"Por mí no puedo hacer nada. Juzgo lo que oigo y mi juicio es justo, porque no busco mi propia voluntad sino del Padre que me envío" (Jesús dijo, *"Por mí no puedo hacer nada".* ¡Tampoco nosotros! Él dijo, "Yo soy la vid y ustedes pámpanos. El que permanece en mí y yo en él, ese lleva mucho fruto porque fuera de mi nada podéis hacer".[70] Debemos permanecer en Él.)

"Porque he descendido del cielo, no para hacer mi voluntad, sino la voluntad del que me envió". (¡Jesús no hacía su propia voluntad! Lo que Él hacía, todo lo que Él hacía, era la voluntad de Su Padre y por lo tanto también debe ser cierto para nosotros.)

---

[70] Juan 15:5.

"Ha llegado la hora para que el Hijo del Hombre sea glorificado. Ciertamente os digo que el grano de trigo no cae en la tierra y muere, queda solo; pero si muere, lleva mucho fruto. El que ama su vida la perderá y el aborrece su vida en este mundo, para vida eterna la guardará". (El dio Su vida, nosotros debemos seguirlo en Su tren.)

"Este es mi mandamiento: Que os améis unos a otros, como yo os he amado. Nadie tiene mayor amor que este, que uno ponga su vida por sus amigos. Vosotros sois mis amigos, si hacéis lo que yo os mando".[71] (Comenzamos por despojarnos de nuestras preferencias por nuestras familias y hermanos intencionalmente. Y podría llegar un día cuando aún nos despojemos de nuestras vidas mismas, como sucedió con Él.)

"Me llamáis Maestro y Señor; y decís bien, porque lo soy. Pues si yo, el Señor y el Maestro, he lavado vuestros pies, vosotros también debéis lavaros los pies los unos a los otros. Porque ejemplo os he dado, para que como yo os he hecho, vosotros también hagáis. De cierto, de cierto os digo: El siervo no es mayor que su señor, ni el enviado es mayor que el que le envió. Si sabéis estas cosas, bienaventurados seréis si las hicieres". (El lavo sus pies, ¿Cuánto más debemos nosotros hacerlo? Igualmente, "En humildad estimando cada uno a los demás como superiores a sí mismo".[72] ¿Cuántos de nosotros consideramos a los demás como mejores que nosotros mismos?)

Finalmente, vemos el ejemplo extremo de su obediencia. "Porque convenía a Aquel por cuya causa son todas las cosas, y por quien todas las cosas subsisten, que habiendo de llevar muchos hijos a la gloria, perfeccionase por aflicciones al autor de la salvación de ellos... Así que por cuanto los hijos participaron de carne y sangre, Él también participó de lo mismo, para destruir por medio de la muerte al que tenía el imperio de la muerte, esto es, al diablo, y

---

[71] Juan 15:12–13.
[72] Filipenses 2:3.

librar a todos los que por el temor de la muerte estaban duramente toda su vida sujetos a esclavitud".[73]

De esa forma, el Capitán de nuestra salvación caminó en el Espíritu. Debemos hacerlo mismo. Comienza con una disposición de obedecer. Es una declaración de guerra en contra del pecado y una resolución para estudiar y meditar en Su Palabra. Es una determinación de tener y cumplir Sus mandamientos y de estar comprometidos a llenarnos y permanecer llenos del Espíritu; a buscar los dones del Espíritu y mantenerlos activos; a tener el fruto del Espíritu dentro de nuestras vidas; a escuchar la voz del Espíritu a través y acerca de la Palabra; a despojarnos de una búsqueda propia de buenas obras; a venir a Jesús y recibir Su descanso; a tomar Su yugo y aprender de Él, porque Él es manso y humilde de corazón; a someternos al Espíritu conforme Él nos cambia a la imagen de Jesús. Es caminar en comunión con Dios mismo. Representa un gozo y paz más allá de la imaginación. Es una gloria fuera de toda descripción.

No lea apresuradamente a través de estos asombrosos temas. Dios no acaricia o tolera al pecado. Él prepara bendiciones para la obediencia y maldiciones para la desobediencia. Él no es un ser sentimental inconstante. Sus requerimientos son altos y Su poder para cumplirlos mayor. Pero al final, sin excepción alguna, habrá una entrega de cuentas no negociable.

---

[73]   Hebreos 2:5–18; 4:14–15.

Amigos con Jesús

Vosotros sois mis amigos si hacéis lo que yo os mando.[74]

L OS AMIGOS DE Jesús son majestuosamente bendecidos. Moisés (que murió 1,350 años antes de Cristo) y Elías (que fue llevado en vida por un carro y caballos de fuego ochocientos años antes de Cristo) se le aparecieron y hablaron con Él en el Monte de la Transfiguración antes de Su crucifixión y están ahora con Él más de dos mil años después. Muchos desean tener una amistad con Jesús pero pocos están dispuestos a pagar el precio de la obediencia. Esto fue discutido previamente, así que tomaremos otro enfoque en esta parte. Meditaremos en dos ejemplos de amistad: primero, el Rey David y Husai y el segundo, Dios y Moisés.

Husai nos enseña abundantemente. David estaba huyendo[75] de la usurpación de Absalón. Mientras huían llorando y descalzos, le informaron a David que Ahitofel, su consejero (cuyo consejo era como el de los profetas de Dios) se había unido con Absalón. David oro, "¡Señor convierte el consejo de Ahitofel en insensatez!"[76] No mucho tiempo después, Husai—lamentado a su amigo, con sus ropas rasgadas y con ceniza en su cabeza—se le acerco al Rey David.

---

[74]   Juan 15:14.

[75]   2 Samuel 15:13—19:43.

[76]   2 Samuel 16:23.

Husai quería acompañar a David, aún hasta la muerte, ya que la vida del rey era más preciosa para él que su propia vida. Pero lo que paso fue que David lo envió de regreso (con su vida en su mano) con Absalón para frustrar el consejo de Ahitofel. Husai no cuestionó la decisión del rey. Él obedeció inmediatamente y regreso a la cueva del león en vez de pedir santuario.

Fue bueno que lo hiciera.

Absalón busco el consejo de Ahitofel, que le dijo, "Escoge en esta noche hombres y caza a David mientras él está cansado y débil". El consejo fue preciso. Ahitofel hubiera matado a David y terminado la usurpación. Pero como David lo había pedido, Husai fue convocado y Dios permitió que su consejo venciera al consejo de Ahitofel. *Absalón y todos los hombres de Israel dijeron que el consejo de Husai era mejor que el consejo de Ahitofel, el Señor había planeado de antemano que el consejo de Ahitofel fuera vencido para traer desastre a Absalón.*

Dos cosas que aprendemos de esta historia:

1) La amistad Bíblica es una de sacrificio. Husai puso los asuntos de David por encima de los suyos y estaba dispuesto a morir por él, así como Jesús dijo, "Que os améis los unos a los otros como yo los he amado. No hay amor mayor que este, que uno ponga su vida por sus amigos".[77]

2) *La amistad Bíblica requiere sabiduría y conocimiento.* Husai tenía que conocer los asuntos del rey para poder tener la sabiduría para operar en ese conocimiento. David no podía enviar a un insensato (aún si este lo amaba y estaba dispuesto a morir por él) en una misión de semejante magnitud. Tenía que ser un amigo a quien él pudiera confiarle la carga de su reino y su vida.

La confianza de David no fue en vano. Husai probó que él era alguien fiel y capaz, a través de él, Dios le regreso el reino a David. Por su fidelidad, Husai vivió el resto de su vida con su único oficio de responsabilidad, el ser un amigo

---

[77] Juan 15:12–13.

(compañero) de David, el mejor rey de Israel. Así, de esta forma, su posición fue grabada en la Palabra de Dios.[78]

David y Husai muestran la amistad entre los hombres. Su historia es paralela a la de Dios y Moisés en varias formas importantes. Husai y Moisés fueron ambos fieles a sus maestros; ambos operaron en el pleno entendimiento de los asuntos de sus reyes y ambos fueron fieles hasta el final. La relación de Moisés con el Señor es la personificación máxima del ejemplo de esa amistad. Su historia comenzó cuando el Señor envió a José a la tierra de Egipto para preparar la tierra para Israel. José fue vendido como esclavo por sus hermanos pero fue levantado por Dios para gobernar y preservar al mundo de una terrible hambruna. La gente de Israel prosperó y se multiplicó en Egipto por muchos años y estaban de acuerdo en permanecer allí para siempre. Pero este no era su destino. Dios le había dado a Abraham una tierra propia donde él sería una nación apartada para Dios.

En la completitud del tiempo, Dios levantó a un faraón que no conocía a José. El maltrató a Israel que por primera vez en muchos años, comenzó a clamar a Dios. Él envió a Moisés para liberarlos del cautiverio y de la oscuridad espiritual hacia un "reino de sacerdotes y una nación santa".[79] Esto requería más que solo una extracción de Egipto. El Señor uso a Moisés para enseñarle a Israel a conocer al gran Dios, a temerle, a aprender de Sus mandamientos y caminar en ellos.

Moisés pasó esos años con el Señor. Ellos hablaban como amigos. El Señor lo llevó en sus planes y consejo y Moisés trajo sus peticiones sobre el pueblo delante del Señor. Moisés conocía la voluntad de Dios y más de una vez se paro en la brecha por la integridad del gran nombre de su amigo entre los incrédulos. Moisés fue fiel en todos los asuntos de la casa de Dios. Los intereses del Señor eran los suyos. A Husai y Moisés se les confiaron todas las cosas. No es una sorpresa que la Biblia dice, "No se ha levantado en Israel un profeta como Moisés, quien haya conocido al Señor cara a cara; nadie como él en todas las señales y prodigios que el Señor le envió a hacer en tierra de

---

[78]   1 Crónicas 27:33.

[79]   Éxodo 19:6.

Egipto, a Faraón y a todos sus siervos y a toda su tierra, y en el gran poder y en los hechos grandiosos y terribles que Moisés hizo a la vista de todo Israel".[80]

El siguiente pasaje muestra cuán grandemente el Señor estimaba a Moisés:

> María y Aarón hablaron contra Moisés a causa de la mujer cusita que había tomado; porque él había tomado mujer cusita. Y dijeron: ¿Solamente por Moisés ha hablado el Señor? ¿No ha hablado también por nosotros? Y lo oyó Dios. Y aquel varón Moisés era muy manso, más que todos los hombres que había sobre la tierra. Luego dijo el Señor a Moisés, a Aarón y a María: Salid vosotros tres al tabernáculo de reunión. Y salieron ellos tres. Entonces el Señor descendió en la columna de la nube, y se puso a la puerta del tabernáculo, y llamó a Aarón y a María; y salieron ambos. Y él les dijo: Oíd ahora mis palabras. Cuando haya entre vosotros profeta de Jehová, le apareceré en visión, en sueños hablaré con él. No así a mi siervo Moisés, que es fiel en toda mi casa. Cara a cara hablaré con él, y claramente, y no por figuras; y verá la apariencia del Señor. ¿Por qué, pues, no tuvisteis temor de hablar contra mi siervo Moisés? Entonces la ira de Dios se encendió contra ellos; y se fue. Y la nube se apartó del tabernáculo, y he aquí que María estaba leprosa como la nieve; y miró Aarón a María, y he aquí que estaba leprosa. Y dijo Aarón a Moisés: ¡Ah! señor mío, no pongas ahora sobre nosotros este pecado; porque locamente hemos actuado, y hemos pecado. No quede ella ahora como el que nace muerto, que al salir del vientre de su madre, tiene ya medio consumida su carne. Entonces Moisés clamó al Señor, diciendo: Te ruego, oh Dios, que la sanes ahora.

> Respondió el Señor a Moisés: Pues si su padre hubiera escupido en su rostro, ¿no se avergonzaría por siete días? Sea echada fuera del campamento por siete días, y después volverá a la congregación. Así María fue echada del campamento siete días; y el pueblo no pasó adelante hasta que se reunió María con ellos.[81]

---

[80] Deuteronomio 34:10–12.
[81] Números 12:1–15.

Las oraciones de Moisés reflejaban su pasión por los asuntos de Dios. Con intercesión y ayuno, el oraba por la gente del Señor o por el honor del nombre de Dios.[82] Y el Señor estimaba la fidelidad de Moisés porque era un retrato magnificente de su amistad. No es pues ninguna sorpresa que Moisés fue uno de los dos enviados a hablar con Jesús en el Monte de la Transfiguración hace tanto tiempo.

Husai y Moisés pusieron sus amigos antes que todo. Estuvieron dispuestos a morir por ellos. Ellos conocían y guardaban los asuntos de sus amigos exactamente como Jesús lo hizo por su Padre. Jesús, a cambio, recompenso a sus fieles con honor incomprensible: Él era su amigo, un amigo profundamente mayor que lo que ellos podían ser, así como Él es profundamente mayor que ellos.

Juan 15 completa la enseñanza. Comienza con el mandato de permanecer y llevar fruto para Jesús. Esto no es una sugerencia, es un mandamiento:

> Yo soy la vid verdadera, y mi Padre es el labrador. Todo pámpano que en mí no lleva fruto, lo quitará; y todo aquel que lleva fruto, lo limpiará, para que lleve mas fruto. Ya vosotros estáis limpios por la palabra que os he hablado. Permaneced en mí y yo en vosotros. Como el pámpano no puede llevar fruto por sí mismo, si no permanece en la vid, así tampoco vosotros, si no permanecéis en mí. Yo soy la vid, vosotros los pámpanos; el que permanece en mí y yo en él, éste lleva mucho fruto; porque separados de mi nada podéis hacer. El que en mí no permanece será echado fuera como pámpano, y se secará; y será recogido y echado en el fuego y arderá. Si permanecéis en mi, y mis palabras permanecen en vosotros, pedid tolo lo que querais y os será hecho. En esto es glorificado mi Padre, en que llevéis mucho fruto, y seáis así mis discípulos.[83]

El asunto supremo es de permanecer en Jesús y llevar fruto. Debemos permanecer en Él para hacer esto y debemos guardar sus mandamientos para permanecer en Él. Una vez que tenemos esto, Jesús explicó lo que sigue. El dijo, "Si el grano de trigo no cae en la tierra y muere, queda solo; pero si muere,

---

[82]   Por ejemplo, Éxodo 32:10–14.

[83]   Juan 15:1–8.

lleva mucho fruto".[84] El llevar fruto comienza con la muerte. Debemos rendir nuestras vidas (nuestras preferencias, deseos, aún las vidas mismas) para nuestro Señor y sus ovejas. Si hacemos esto, Su Espíritu nos llena de poder para llevar fruto. Vine expande nuestro entendimiento sobre llevar fruto a continuación cuando dice[85]

> que la palabra griega para *fruto* es *karpos*. Es usada poco menos de sesenta veces en la Palabra y cubre aplicaciones naturales y metafóricas. En lo natural, habla del fruto de los árboles, los campos y la tierra producido por la energía propia de un organismo vivo. Metafóricamente reconoce dos aspectos: 1) la expresión visible (amor, gozo, paz, etc.) del poder que está trabajando en el interior (por el Espíritu Santo); y 2) los beneficios del poder del evangelio: traer a nuevos creyentes, la santificación por medio de la liberación de una vida de pecado a una vida de santidad y servicio a Dios, la ausencia de la inmundicia debido al pecado y los sacrificios de alabanza, los cuales son el efecto de la confesión del nombre de Dios.

Dios creó a los árboles para que llevasen fruto y les dio el poder para hacerlo. Si no lo hacen son cortados y lanzados al fuego.[86] Así también con nosotros, "Cada rama en mi que no lleva fruto será echada fuera ... el que no permanece en mi se secara y será recogido y echado en el fuero y ardera".

Debemos llevar el fruto de una vida santa. Debemos estar por sobre encima del pecado, hacer lo correcto y evitar lo incorrecto. Debemos ser llenos del Espíritu y asegurarnos que Su fruto y dones fluyan desde lo más profundo de nuestro ser. Debemos ser llenos de amor y servicio para con nuestros prójimos. Debemos dar generosamente, sabiendo que no podemos dar más que Dios. Debemos conocer y obedecer la Palabra. Si no lo hacemos, somos como esas ramas secas, útiles solo para ser recogidas y quemadas en fuego.

Obedecer a Juan 15 le agrada a Dios y nos prepara para el Cuerpo de Cristo.

---

[84] John 12:24.
[85] Vine, *karpos*, 256–57.
[86] Mateo 3:10; 7:19.

El Cuerpo de Cristo

Así que ya no sois extranjeros ni advenedizos, sino conciudadanos de los santos, y miembros de la familia de Dios, edificados sobre el fundamento de los apóstoles y profetas, siendo la principal piedra del ángulo Jesucristo mismo, en quien todo el edificio, bien coordinado, va creciendo para ser un templo santo en el Señor; en quien vosotros también sois juntamente edificados para morada de Dios en el Espíritu.[87]

N O CONOCERÍAMOS ESTOS misterios si no fuera por este pasaje. Son una gloriosa revelación: la casa de Dios está siendo construida para ser un templo santo en el Señor, un lugar de habitación para Dios en el Espíritu. Es una relación misteriosa, gloriosa y eterna. Es un edificio con judíos y gentiles como piedras vidas, un lugar de habitación para Dios. Se trata de la creación de un santo templo, Jesús mismo siendo la piedra angular. Es el Cuerpo de Cristo, emergiendo en unidad y amor. Es sobre el misterio de esta revelación que todos los pasajes del NT sobre la vida de la iglesia son construidos. El Cuerpo de Cristo tiene sentido y embona en armonía cuando logramos entenderlo.

Miremos su emergencia en la Escritura. El primer reporte de la iglesia primitiva posee las semillas de verdad que plantan el resto del estudio y definen el camino del Cuerpo de Cristo. El Espíritu Santo ungió el primer mensaje de

---

[87]   Efesios 2:19–22.

Pedro y en esa unción, la iglesia nació. Fue algo emocionante y todavía lo es. El fin de su mensaje dice,

> Y con otras muchas palabras testificaba y les exhortaba, diciendo: Sed salvos de esta perversa generación. Así que, los que recibieron su palabra fueron bautizados; y se añadieron aquel día como tres mil personas. Y perseveraban en la doctrina de los apóstoles, en la comunión unos con otros, en el partimiento del pan y en las oraciones. Y sobrevino temor a toda persona; y muchas maravillas y señales eran hechas por los apóstoles. Todos los que habían creído estaban juntos, y tenían en común todas las cosas; y vendían sus propiedades y sus bienes, y lo repartían a todos según la necesidad de cada uno. Y perseverando unánimes cada día en el templo, y partiendo el pan en las casas, comían juntos con alegría y sencillez de corazón, alabando a Dios, y teniendo favor con todo el pueblo. Y el Señor añadía cada día a la iglesia los que habían de ser salvos.[88]

Los discípulos amaban al Señor y se amaban los unos a los otros. Ellos se regocijaban en la enseñanza de los apóstoles, frecuente oraban en comunión y partían el pan de casa en casa. Ellos tenían un mismo corazón y alma, y la gracia estaba sobre ellos.[89] Ellos estaban llenos del amor de Dios y caminaban por sobre encima de los afanes de este mundo. Ellos estaban en su primer amor por Jesús. Ellos reflejaban la gloria de Dios y tenían favor para con toda la gente. Ellos ejemplificaban unión, el dar y recibir, y el adorar a Dios.

Las iglesias Gentiles también manifestaban la hermosura de Jesús. Fue el mismo evangelio, el mismo Espíritu y el mismo Dios. Fue emocionante. Pedro solo pudo hablar 211[90] palabras a Cornelio y los que estaban con él antes de que *el Espíritu Santo cayera sobre todos los que escucharon la Palabra*. Él fue derramado sobre ellos con los mismos resultados. La vida del Espíritu fue el camino de la iglesia primitiva, judía y gentil. Pablo frecuentemente hablaba de esto en sus epístolas. Similarmente, el fruto y los dones del Espíritu eran discutidos frecuentemente.

---

[88]   Hechos 2:40–47.
[89]   Hechos 4:32–33.
[90]   En la versión de la biblia NKJV.

Primera de Corintios[91] presenta la naturaleza única y diversa de los miembros del Cuerpo y clarifica la importancia de cada individuo para el Señor.

Porque así como el cuerpo es uno, y tiene muchos miembros, pero todos los miembros del cuerpo, siendo muchos, son un solo cuerpo, así también Cristo. Porque por un solo Espíritu fuimos todos bautizados en un cuerpo, sean judíos o griegos, sean esclavos o libres; y a todos se nos dio a beber de un mismo Espíritu. Además, el cuerpo no es un solo miembro, sino muchos. Si dijere el pie: Porque no soy mano, no soy del cuerpo, ¿por eso no será del cuerpo? Y si dijere la oreja: Porque no soy ojo, no soy del cuerpo, ¿por eso no será del cuerpo? Si todo el cuerpo fuese ojo, ¿dónde estaría el oído? Si todo fuese oído, ¿dónde estaría el olfato? Mas ahora Dios ha colocado los miembros cada uno de ellos en el cuerpo, como Él quiso. Porque si todos fueran un solo miembro, ¿dónde estaría el cuerpo? Pero ahora son muchos los miembros, pero el cuerpo es uno solo. Ni el ojo puede decir a la mano: No te necesito, ni tampoco la cabeza a los pies: No tengo necesidad de vosotros. Antes bien los miembros del cuerpo que parecen más débiles, son los más necesarios; y a aquellos del cuerpo que nos parecen menos dignos, a éstos vestimos más dignamente; y los que en nosotros son menos decorosos, se tratan con más decoro. Porque los que en nosotros son más decorosos, no tienen necesidad; pero Dios ordenó el cuerpo, dando más abundante honor al que le faltaba, para que no haya desavenencia en el cuerpo, sino que los miembros todos se preocupen los unos por los otros. De manera que si un miembro padece, todos los miembros se duelen con él, y si un miembro recibe honra, todos los miembros con él se gozan. Vosotros, pues, sois el cuerpo de Cristo, y miembros cada uno en particular.

Hay un lugar para cada uno. No necesitamos luchar para tener un lugar. Solo debemos de complacer al Señor y aceptarnos los unos a los otros en amor. Primera de Corintios 12 explica la fuente y los propósitos de los dones del Espíritu en la iglesia.[92]

---

[91] 1 Corintios capítulos 12 y 14.

[92] 1 Corintios 12:12–27.

Darell B. Dyal

Pero *a cada uno* [a cada miembro del Cuerpo] le es dada la manifestación del Espíritu para *provecho de todos* [el propósito del Espíritu es el provecho de todos. Entienda y abrace lo que Él está haciendo]. Porque a éste es dada por el Espíritu palabra de sabiduría; a otro, palabra de ciencia según el mismo Espíritu; a otro, fe por el mismo Espíritu; y a otro, dones de sanidades por el mismo Espíritu. A otro, el hacer milagros; a otro, profecía; a otro, discernimiento de espíritus; a otro, diversos géneros de *lenguas* [las lenguas son escritas en cursiva para mostrar que fueron dadas por el Espíritu como parte de los dones, sin importar lo que falsas enseñanzas digan sobre las lenguas en la iglesia hoy en día[93]]; y a otro, interpretación de *lenguas*. Pero todas estas *cosas las hace uno y el mismo Espíritu* [fue el Espíritu Santo, no los Corintios, no Pablo, quien hacia estas cosas], *repartiendo a cada uno en particular como Él quiere* [¡Conforme el Espíritu quiere!].[94]

El Espíritu da los dones para el beneficio de todos. Necesitamos estos dones hasta que veamos a Jesús cuando regrese. Los necesitamos hasta que conozcamos como somos conocidos. Sin los dones, no tenemos acceso al reino espiritual, ni tenemos una fe inspirada por el Espíritu o dones de sanidad, ni podemos hacer milagros, ni podemos discernir espíritus, ni podemos hablar los secretos dentro del corazón de los hombres a través de la revelación de la profecía o lenguas e interpretación de lenguas. Pero con los dones y a través de la ministración de ellos por el Cuerpo, podemos ver y conocer cosas que el Espíritu nos revela para el bien de la Iglesia.

Debemos *codiciar* a los dones como nos fue mandado. Los errores o abusos de otros no deben detenernos. Reciba los dones y úselos como se enseña en la Palabra. La iglesia primitiva se reunía diariamente para adorar y cantar con alabanza. Los dones fueron manifiestos. Sabemos que fueron usados porque Pablo corrigió a la iglesia en Corinto.

¿Qué hay, pues, hermanos? Cuando os reunís, cada uno de vosotros tiene salmo, tiene doctrina, tiene lengua, tiene revelación, tiene interpretación. Hágase todo para edificación. Si habla alguno en

---

[93] Esto es discutido en el capítulo 12, situación 2, La Voz del Enemigo.
[94] 1 Corintios 12:7–11.

lengua extraña, sea esto por dos, o a lo más tres, y por turno; y uno interprete. Y si no hay interprete, calle en la iglesia, y hable para sí mismo y para Dios. Asimismo, los profetas hablen dos o tres, y los demás juzguen. Y si algo le fuere revelado a otro que estuviere sentado, calle el primero. Porque podéis profetizar todos uno por uno, para que todos aprendan, y todos sean motivados.[95]

Cada uno, con orden, tenía que utilizar su don para que todos aprendieran y fueran motivados. ¿Qué tenían que aprender? Al menos tres cosas: el mensaje mismo; como reconocer y operar en los dones para así estar capacitados para conocer la voz de Jesús; y la disciplina de reuniones ordenadas y edificantes. Ellos sabían (como lo hace una iglesia local en cercana comunión) si había o no interpretes en las reuniones. Si los había, las lenguas como don del Espíritu eran dadas, ya que si son interpretadas son equivalentes a la profecía.

El Cuerpo de Cristo se define como un templo espiritual en el libro de Efesios y como un organismo integrado en Corintios. Existe una interfaz dinámica. Los creyentes oraban, alababan a Dios y partían el pan juntos. Ellos se amaban y tenían comunión los unos con los otros tan seguido como era posible. Ellos caminaban en los dones dentro de la presencia de Dios en el Espíritu Santo. Fue glorioso en ese entonces y ¡lo sigue siendo!

Aún así, la vida en el Cuerpo no es (principalmente) acerca de ser bendecidos. Existe trabajo que debe ser hecho. Jesús

les dio a unos el ser apóstoles, a otros profetas, a otros evangelistas, a otros pastores y maestros, para equipar a los santos para el trabajo del ministerio y para edificar al cuerpo de Cristo, *hasta que todos lleguemos a la unidad de la fe y del conocimiento del Hijo de Dios, a un varón perfecto, a la medida de la estatura de la plenitud de Cristo,* para que ya no seamos niños fluctuantes, llevados por doquiera de todo viento de doctrina, por estratagema de hombres que para engañar emplean con astucia las artimañas del error, *sino que siguiendo la verdad en amor, crezcamos en todo en Aquel que es la cabeza—Cristo—de quien todo el cuerpo, bien concertado y unido entre sí por todas las coyunturas que se ayudan mutuamente, según*

---

[95] 1 Corintios 14:26–33.

la actividad propia de cada miembro, recibe su crecimiento para ir edificándose en amor.[96]

Él dió apóstoles, profetas, evangelistas, pastores y maestros para equipar a los santos para el trabajo del ministerio para así edificar al Cuerpo de Cristo hasta que haya unidad de corazón y entendimiento. La iglesia debe caminar por encima del pecado en santidad y perfección en la plenitud de Cristo. Debe hablar verdad en amor y crecer en todas las cosas. Debe ser tejida en unidad a través del dar mutuo. Debe caminar en el Espíritu Santo de acuerdo con la Palabra. No existe otro camino.

* * * * *

Tristemente, nuestra comunión y estilo de vida no duplica el de la iglesia primitiva. Hemos abandonado las reuniones de casa, no solo diariamente pero aún semanalmente. Y aún si tratamos de tenerlas, somos incapaces de replicar su amor y pasión; tampoco podemos movernos en los dones dentro de nosotros, ya que no hay dones. Yo estoy convencido que esto no es porque no amemos al Señor o anhelemos su presencia. Más bien, nos falta conocimiento de la Palabra y del Espíritu. Somos desafortunadas victimas definidas por la palabra profética, "Mi pueblo perece por falta de conocimiento".[97]

No podemos y no debemos perpetuar este triste estado. Debemos dar un grito y clamor dentro de la iglesia. Debemos vivir como ellos vivían. Debemos tener a Jesús dentro la plenitud del Espíritu, de lo contrario, morimos.

---

[96]   Efesios 4:1–16.
[97]   Oseas 4:6.

La Carga de los Pastores[98]

LOS APÓSTOLES PREDICABAN en el Espíritu con poder y la iglesia nació. Los ancianos o lideres[99] fueron y son llenos de poder para guiar a la iglesia hacia una vida victoriosa[100] En este capítulo, consideraremos su ministerio hacia las ovejas de Jesús.

Pero, ¿Quiénes son Sus ovejas?

Las Ovejas

Antes del nacimiento de la Iglesia, Jesús había ido a todas las

> ciudades y aldeas, enseñando en sus sinagogas, predicando el evangelio del reino y sanando toda enfermedad y toda dolencia en el pueblo. Pero cuando vio a las multitudes, se conmovió a compasión por ellos, *porque estaban desamparadas y dispersas, como*

---

[98] En este capítulo, se refiere a los *pastores* como *pastores de un rebaño.* La palabra griega *poimainō,* significa un pastor de un rebaño y ha sido traducida de esta forma dieciséis veces en el NT en la versión de la biblia inglesa KJV. Acerca de la palabra *oveja,* el Señor a veces se refirió a Sus hijos como ovejas y a sí mismo como el Buen Pastor.

[99] Este término es explicado en la subsección, "Los Pastores".

[100] Daniel 7–12; 2 Corintios 10:3–6; Efesios 6:10–20; Apocalipsis 6–20, etc.

ovejas que no tienen pastor. Y Él le dijo a sus discípulos: A la verdad la mies es mucha, mas los obreros pocos. *Orad, pues, al Señor de la mies, que envíe obreros a su cosecha.*[101]

Él entregó Su vida por Sus ovejas desamparas y dispersas diciendo,

> Yo soy el buen pastor; el buen pastor su vida da por las ovejas. Mas el asalariado, y que no es el pastor, de quien no son propias las ovejas, ve venir al lobo y deja las ovejas y huye, y el lobo arrebata las ovejas y las dispersa. Así que el asalariado huye, porque es asalariado, y no le importan las ovejas. Yo soy el buen pastor; y conozco mis ovejas, y las mías me conocen, así como el Padre me conoce, y yo conozco al Padre; y pongo mi vida por las ovejas. También tengo otras ovejas que no son de este redil; aquéllas también debo traer, y oirán mi voz; y habrá un rebaño, y un pastor.[102]

Jesús es nuestro Buen Pastor. Lo necesitamos desesperadamente. El nos guía a los pastos verdes, nos protege de los depredadores y sabe más que nosotros. Ninguno de nosotros puede ver el mundo espiritual; ninguno puede entender la Palabra a menos que el Espíritu la revele. Ninguno puede caminar el camino de la santidad a menos que el Señor habrá sus ojos y le de fe. Ninguno puede comprar la salvación por dinero o buenas obras y nadie puede reclamar nada que Dios no ha dado.

Él nos pastorea a través de los dones ministeriales que le da al hombre.

> Les dio *a unos el ser apóstoles, a otros profetas, a otros evangelistas, a otros pastores y maestros*, para equipar a los santos para el trabajo del ministerio y para edificar al cuerpo de Cristo, hasta que todos lleguemos a la unidad de la fe y del conocimiento del Hijo de Dios, a un varón perfecto, a la medida de la estatura de la plenitud de Cristo...[103]

---

[101] Mateo 9:35–37.
[102] Juan 10:1–17.
[103] Efesios 4:11–16.

Mientras examinamos la administración de la iglesia local, pausemos un momento para considerar las implicaciones de Sus dones de apóstoles, profetas, evangelistas, pastores y maestros para Sus propósitos.[104]

Somos el Cuerpo de Cristo; tenemos acceso a los dones y el fruto del Espíritu. Podemos ponernos la armadura de Dios. Podemos luchar usando la poderosa Espada del Espíritu. Podemos hacer estas cosas si las hacemos conforme al camino de Dios. Pero somos ovejas y por naturaleza necesitamos protección, alimento y dirección para cumplir nuestra responsabilidad de prepararnos para la eternidad. ¡Él ha dado a los ancianos y lideres porque los necesitamos! Abracemos alegremente la supervisión que el Señor nos provee a través de aquellos que Él ha puesto sobre nosotros.

Los Pastores

Aquí nos enfocaremos en las responsabilidades de los ancianos. Un punto de partida será la clarificación del griego sobre *ancianos, supervisores, obispos y pastores*. Vine nos provee de una excelente sinopsis[105] diciendo,

> *Los ancianos (presbuteros)* en las iglesias Cristianas son aquellos que son levantados y capacitados por el Espíritu Santo para llevar un cuidado espiritual y ejercer administración de las iglesias. Para los *ancianos* se aplican los términos *obispo y/o supervisor (episkopos)*, ya que *(episkopos)* significa supervisor y el término en inglés de obispo tienen precisamente el mismo significado. Estos fueron designados conforme habían dado evidencia que habían cumplido su capacitación divina.

---

[104] Sería descuidado el olvidar reiterar que aparte de los pastores y maestros, el Señor dio apóstoles, profetas y evangelistas. Todos los ejemplos del NT de estos ministerios hacia las Iglesias Gentiles tienen pastores/maestros ministrando a asambleas locales y son subordinados a los apóstoles y probablemente a los profetas. Ellos nunca estaban en algún punto singular o único de control. Tampoco existe evidencia biblia para apoyar los argumentos que los dones de Jesús de apóstoles, profetas y evangelistas no continúan hasta el día de hoy. La pregunta no es, "¿Quién tiene una oficina designada por los hombres?" más bien es, "¿Quién tiene el llamado y la unción del Espíritu Santo dado por Dios?"

[105] Vine, 195-196, 569, 462.

El *anciano*, entonces, indica una experiencia espiritual y un entendimiento de lo descrito; *el obispo* y el *supervisor* indican el carácter del trabajo. De acuerdo a la voluntad divina y designio, había *obispos* [plural] en cada iglesia local.

Poimayn se traduce como *pastor de rebaño*. Estos (pastores) guían y alimentan al rebaño, un servicio realizado por los ancianos/supervisores/obispos. Involucra un cuidado delicado y superintendencia vigilante.

Así, *anciano* es un término apropiado para los líderes de las asambleas del NT. (Para expeditar la lectura, este capítulo no discute lo que los ancianos eran antes y deben ser hoy en plural).[106] La posición de Vine refleja la enseñanza de los apóstoles. Pablo llamo

a los *ancianos* de Éfeso. Y cuando vinieron a él, les dijo... mirad por vosotros y por todo el rebaño, en que el Espíritu Santo os ha puesto por *obispos* (supervisores), para *pastorear* la iglesia de Señor, la cual el gano por su propia sangre.[107]

Pedro escribió, "A los *ancianos* entre vosotros los exhorto... a pastorear el rebaño de Dios que está entre vosotros, sirviendo como *supervisores,* no por fuerza pero voluntariamente; no por ganancia deshonesta pero con ánimo pronto; no como teniendo señorío sobre los que están a vuestro cuidado, sino siendo ejemplos del rebaño..."[108]

Santiago reconoció la supervisión de ellos: "¿Está alguno enfermo entre vosotros? Llame a los ancianos de la iglesia, y oren por él, ungiéndole con aceite en el nombre del Señor. Y la oración de fe salvara al enfermo, y el Señor lo levantará; y si hubiere cometido pecados, le serán perdonados".[109]

---

[106] Darell B. Dyal, *Limpy, the Lost Way of the Bible* (New York: iUniverse, 2005), 10–13, 43–65.

[107] Hechos 20:17–31.

[108] 1 Pedro 5:1–4.

[109] Santiago 5:14–15.

El Ministerio de los Ancianos

Con la gente vienen problemas; un flujo grande de gente trae una inundación de problemas. Esto es verdad el día de hoy como lo fue hace dos mil años, aún durante el poderoso mover del Espíritu en el Pentecostés. Una queja llegó a los apóstoles.

> Su resolución fue una de las más importantes instrucciones
> jamás dadas a los ancianos y aún así, podría ser
> una de las mas ignoradas o desobedecidas.

Veamos la historia.

En aquellos días, como crecía el número de los discípulos, hubo murmuración de los griegos contra los hebreos, de que las viudas de aquéllos eran desatendidas en la distribución diaria. Entonces los doce convocaron a la multitud de los discípulos, y dijeron: No es justo que nosotros dejemos la palabra de Dios, para servir a las mesas. Buscad, pues, hermanos, de entre vosotros a siete varones de buen testimonio, llenos del Espíritu Santo y de sabiduría, a quienes encarguemos de este trabajo. *Y nosotros persistiremos en la oración y en el ministerio de la palabra.*[110]

Ellos no ignoraron la necesidad pero tuvieron una magnifica respuesta: "Buscad entre vosotros a siete varones de buen testimonio, llenos del Espíritu Santo y de sabiduría, a quienes encarguemos de este trabajo". Ellos le dieron poder a otros para compartir la carga. Y ellos mismos mostraron sabiduría y obediencia. El Señor les había dado una responsabilidad y una unción para proteger y entrenar a la Iglesia. *Ellos eran los únicos equipados y comisionados para el trabajo (Esto sigue siendo verdad el día de hoy).* Si hubieran abandonado su tarea o hubieran permitido que se diluyera, no hubiera podido ser hecha por otros y la iglesia primitiva hubiera fallado. Fue una crisis que vencieron en la sabiduría y el poder del Espíritu. ¿Cuántos todavía lo hacen hoy en día? ¿Cuántos tienen la sabiduría y el valor para enfocarse en solo dos cosas que puedan librar a las benditas ovejas de la carne y el diablo? Este es el requerimiento de Dios y ellos se dieron a sí mismos a una oración continúa

---

[110]   Hechos 6:1–4.

y al ministrar la Palabra. Debemos seguir su ejemplo. El darse a sí mismo en *oración* y ministrar la *Palabra* significa ser bendecido por Dios, ya que el obedecer esta condición representa el mantener y guardar los mandamientos de Jesús; es lo que significa el cuidar y alimentar a Sus amadas ovejas. Esto es lo que significa ser fiel en todas las cosas a Su casa. Esto es lo que significa el ser Su amigo confiable. Por lo tanto, debemos llevar nuestra atención a la pregunta, "¿Por qué estas dos y solo estas dos cosas?"

> *La oración continua y el ministrar la Palabra fueron practicadas por los apóstoles y estas dos armas deben ser empleadas por que los siguen sus pasos. El fallar en hacerlo significa, en efecto, ofrecer el fuego extraño de la religión del hombre. Estas son instrucciones decretadas para alimentar a sus ovejas, no alguna otra cosa, no ninguna otra cosa.*

¡No haga otra cosa!

La Oración Continua

De la victoria de una oración continua Pablo escribió, "Aunque andamos en la carne, no militamos según la carne; porque las armas de nuestra milicia no son carnales, sino poderosas en Dios para la destrucción de fortalezas, derribando argumentos y toda altivez que se levanta contra el conocimiento de Dios, y llevando cautivo todo pensamiento a la obediencia a Cristo..."[111] El y sus ayudantes derribaban fortalezas a través de tal oración. La majestad de Dios es revelada bajo tal unción. Los dones del Espíritu, la armadura de Dios y el fruto del Espíritu pueden ser experimentados. Doctrinas de verdad son apropiadas bajo esta unción. Debemos entender tal oración.[112] Miremos a los elementos críticos. Pablo buscó a Dios.

> para que diera el espíritu de sabiduría y de revelación en el conocimiento de Él para conocer cuál es la esperanza a que nos ha llamado, y cuáles son las riquezas de la gloria de su herencia en

---

[111]　Hechos 6:1–4.

[112]　Efesios 1:15–19; 3:14–20; 6:10–20; Colosenses 1:9–14; 1 Tesalonicenses 1:2–10; 2 Tesalonicenses 1:2–7; Mateo 6:9–15.

los santos, y cuál la supereminente grandeza de su poder para con nosotros los que creemos... para que diera... el ser fortalecidos con poder en el hombre interior por su Espíritu, para que habite Cristo por la fe en nuestros corazones, a fin que seamos arraigados y cimentados en amor y seamos plenamente capaces de comprender con todos los santos cual sea la anchura, la longitud, la profundidad y la altura, y de conocer el amor de Cristo, que excede todo el conocimiento para que seamos llenos de toda la plenitud de Dios para que seáis llenos del conocimiento de su voluntad en toda sabiduría e inteligencia espiritual, para que andéis como es digno del Señor, agradándole en todo, llevando fruto en toda buena obra, y creciendo en el conocimiento de Dios; fortalecidos con todo poder, conforme a la potencia de su gloria, para toda paciencia y longanimidad; con gozo ... y sobre todo, tomad el escudo de la fe, con que podáis apagar todos los dardos de fuego del maligno. Y tomad el yelmo de la salvación, y la espada del Espíritu, que es la palabra de Dios; orando en todo tiempo con toda oración y súplica en el Espíritu, y velando en ello con toda perseverancia y súplica por todos los santos; y por mí, a fin de que al abrir mi boca me sea dada palabra...

Podemos entender la intención de las oraciones de Pablo considerando solo estos tres ejemplos. El oraba que pudiéramos conocer: 1) *la esperanza de Su llamado;* 2) *las riquezas de la gloria de Su herencia en los santos;* 3) *la supereminente grandeza de Su poder para los que creemos.* Si pudiéramos comprender *tan solo* estas cosas, estaríamos por sobre encima de las preocupaciones, dolor, riquezas y seducción de este mundo. El conocer la *esperanza de su llamado* es darnos cuenta que seremos cambiados a la imagen de Cristo, ser como Él es y ¡habitar con Él para siempre! Los problemas de esta vida son como nada comparado con tal certeza. El entender las "riquezas de la gloria de la herencia de Dios en los santos" es saber que Dios anhela juntar a sus hijos para sí mimo. Y el entender "la supereminente grandeza de Su poder para los que creemos" es entender que nunca fallaremos por falta de poder. La Escritura dice, "A los que le recibieron, les dio potestad de ser hechos hijos de Dios, a los que creen en Su nombre". Ese poder está disponible ahora.

Los ancianos deben orar junto con Pablo. Ellos deben perseverar hasta que la luz brille en los corazones de las ovejas y hasta que los huesos secos revivan otra vez. Los ancianos deben entender su llamado, vender todo lo que tienen y dase a sí mismos a una oración sin cesar guiada por la revelación del Espíritu. Deben orar fervientemente. El "reino del cielo sufre violencia y los violentos lo arrebatan".[113] Deben utilizar toda la fuerza de todos sus días en semejante nobleza. No deben darse la vuelta y *esperar en las mesas*.

El Ministrar la Palabra

La Palabra es viva y poderosa. Es la Espada del Espíritu. Es una lámpara a nuestros pies y lumbrera a nuestro camino. Nos enseña lo que debemos de pensar y lo que no debemos pensar; como debemos vivir y como no debemos vivir; como debemos ser y como no debemos ser. La Palabra es la luz de Dios sobre nuestro camino, sin la cual estamos perdidos y sin esperanza. Nos dice como vencer a un temible adversario. Nos dice como agradar a Dios y como ser amigos de Su Santo Hijo. La Palabra es tan importante y majestuosa que un capítulo entero de este libro es dedicado a ella.[114]

La Palabra debe ser enseñada rica, profunda y frecuentemente. Debe ser ungida por el Espíritu Santo así como lo fue hace tanto tiempo. No es una sorpresa que la oración es un mandato. La lucha es constante. A través de muchas lagrimas y mucho ayuno, a través de la preocupación y la batalla, y a través de la enseñanza día y noche, Pablo se esforzó por establecer una iglesia basada en la Escritura y en el Espíritu. Las ovejas casi no pueden ser enseñadas. La rebelión y el error están a la distancia de tan solo una conversación. Pierden su fervor o clamor a causa de falsos maestros que con encanto planean cuidadosamente su propia riqueza. Pablo, aún con el poder del Espíritu Santo, tuvo retos doctrinales extremos con los Corintios, Gálatas, Efesios y Colosenses—iglesias a quienes él había enseñado por años. Él tuvo que escribir una segunda carta a los Tesalonicenses para clarificar preocupaciones. Él estaba constantemente recalcando la diferencia entre las formas correctas e incorrectas de caminar y pensar, de amar y de estimar a otros. Él sufrió estas cosas de iglesias establecidas en el Espíritu Santo.[115] Escuche como Pablo razona con los Gálatas:

---

113 Mateo 11:12.

114 Capitulo 10, "La Palabra de Dios".

115 Las iglesias de los Romanos, Corintios, Gálatas, Efesios, Colosenses y Tesalonicenses fueron iglesias llenas del Espíritu, porque este es el camino de la Palabra, visto a través de los Hechos y las Epístolas.

¡Oh gálatas insensatos! ¿Quién os fascinó para no obedecer a la verdad, a vosotros ante cuyos ojos Jesucristo fue ya presentado claramente entre vosotros como crucificado? Esto solo quiero saber de vosotros: ¿Recibisteis el Espíritu por las obras de la ley, o por el oír con fe? ¿Tan necios sois? ¿Habiendo comenzado por el Espíritu, ahora vais a acabar por la carne? ¿Tantas cosas habéis padecido en vano? si es que realmente fue en vano. Aquel, pues, que os suministra el Espíritu, y hace maravillas entre vosotros, ¿lo hace por las obras de la ley, o por el oír con fe? ...digo, pues: Andad en el Espíritu, y no cumpliréis los deseos de la carne. Porque el deseo de la carne es contra el Espíritu, y el del Espíritu es contra la carne; y éstos se oponen entre sí, para que no hagáis lo que quisiereis, pero si sois guiados por el Espíritu, no estáis bajo la ley. Mas el fruto del Espíritu es amor, gozo, paz, paciencia, benignidad, bondad, fe, mansedumbre, templanza; contra tales cosas no hay ley. Pero los que son de Cristo han crucificado la carne con sus pasiones y deseos. Si vivimos por el Espíritu, andemos también por el Espíritu.[116]

Él corrigió a los Corintios acerca del orgullo y del pecado pero no los regañó acerca de los dones espirituales. Él motivo a los creyentes a buscarlos y enseño el propósito de los mismos.

Pero a cada uno le es dada la manifestación del Espíritu para provecho de todos... Pero todas estas cosas las hace uno y el mismo Espíritu, repartiendo a cada uno en particular como Él quiere. Seguid el amor; y procurad los dones espirituales, pero sobre todo que profeticéis. Porque el que habla en lenguas no habla a los hombres, sino a Dios; pues nadie le entiende, aunque por el Espíritu habla misterios. Pero el que profetiza habla a los hombres para edificación, exhortación y consolación. El que habla en lengua extraña, a sí mismo se edifica; pero el que profetiza, edifica a la iglesia. Así que, quisiera que todos vosotros hablaseis en lenguas, pero más que profetizaseis; porque mayor es el que profetiza que el que habla en lenguas, a no ser que las interprete para que la iglesia reciba edificación. ¿Cómo pues, hermanos? Cuando os reunís, cada

---

[116] Gálatas 3:1–5.

uno de vosotros tiene salmo, tiene doctrina, tiene lengua, tiene revelación, tiene interpretación. Hágase todo para edificación. Si habla alguno en lengua extraña, sea esto por dos, o a lo más tres, y por turno; y uno interprete. Y si no hay intérprete, calle en la iglesia, y hable para sí mismo y para Dios. Asimismo, los profetas hablen dos o tres, y los demás juzguen. Y si algo le fuere revelado a otro que estuviere sentado, calle el primero. Porque podéis profetizar todos uno por uno, para que todos aprendan, y todos sean fortalecidos y animados.[117]

La lucha por la pureza, la santidad y la victoria es constaste. Si fue cierto para Pablo, ¿Cuánto más para nosotros? Hoy en día las iglesias no están llenas o caminan en el Espíritu. La mayoría ni siquiera entiende las palabras. Las ovejas y los pastores también, no han sido instruidos en cómo ser llenos y caminar en el Espíritu. Y aún un número menor entienden y conducen su trabajo de conforme a Hechos 6. ¡La supervisión no es un trabajo de medio tiempo! Aquellos que el Señor llama se dan a sí mismos singularmente al trabajo, el Espíritu unge su obediencia tal y como Él lo hizo hace dos mil años. Nuestros amados hijos espirituales serán llenos y caminaran en el Espíritu y crecerán en la unidad de Jesucristo. Puede ser hecho, pero solo hay una forma de hacerlo: ¡a la forma de Dios!

---

[117] 1 Corintios 12:4–11; 14:1–5, 26–33.

PARTE II

Cuatro Temas Gloriosos

Para un Tiempo Como Éste sintetiza los elementos de poder de Dios para con Su gente para que así puedan vivir vidas victoriosas que le agraden y para que puedan tener recompensas eternas. La Parte I resume el camino de la vida en Su Palabra. La Parte II describe los elementos de poder del Padre para una vida victoriosa, incluyendo al Hijo de Dios, el Espíritu y la Palabra de Dios.

El Hijo de Dios

E S IMPOSIBLE PERCIBIR la Gloria de Aquél que es tan mayor a nosotros como el universo lo es de la luna. Sin embargo, intentaremos.

¿Quién es Él?

Jesús—más que un *Bebe en una cuna, el Hijo de un carpintero, o un cordero de sacrificio*—es el Hijo de Dios; el Principio y el Fin; La Palabra de Dios; el Creador y Sustentador; Dios encarnado; el Señor y Salvador; el Cordero de Dios; el Rey de Reyes; el Señor de Señores; el Fiel y Verdadero; el que bautiza con el Espíritu Santo, la Vid Verdadera; la Esperanza de Gloria; el Camino, la Verdad y la Vida; el Hijo del Hombre; el Primogénito; y Aquél con quien debemos ser amigos.

La Escritura describe Su gloria:

> En el principio era la Palabra, y la Palabra era con Dios, y la Palabra era Dios. Este era en el principio con Dios. Todas las cosas por Él fueron hechas, y sin Él nada de lo que ha sido hecho, fue hecho. En Él estaba la vida, y la vida era la luz de los hombres… En el mundo estaba, y el mundo por Él fue hecho; pero el mundo no le conoció. A los suyo vinos, y los suyos no le recibieron. Mas a todos los que le recibieron, a los que creen en su nombre, les dio potestad de ser hechos hijos de Dios… Y la Palabra se hizo carne, y habitó entre

nosotros y vimos su gloria, gloria como del unigénito del Padre, lleno de gracia y de verdad.[118]

El es la imagen del Dios invisible, el primogénito de toda creación. Porque en Él fueron creadas todas las cosas, las que hay en los cielos y las que hay en la tierra, visibles e invisibles; sean tronos, sean dominios, sean principados, sean potestades; todo fue creado por medio de Él y para Él. Y Él es antes de todas las cosas, y todas las cosas en él subsisten; y Él es la cabeza del cuerpo que es la iglesia, Él que es el principio, el primogénito de entre los muertos, para que en todo tenga la preeminencia; por cuanto agradó al Padre que en Él habitase toda plenitud, y por medio de Él (Jesús) reconciliar consigo (Dios) todas las cosas, así las que están en la tierra como las que están en los cielos, haciendo la paz mediante la sangre de su cruz.[119]

Él creó todas las cosas; por Él permanecen. Él es Preeminente y el Santo Hijo de Dios. Aún así, Él se despojó de sí mismo, tomó la forma de siervo y murió por nuestro pecado.

Cristo Jesús, el cual, siendo en forma de Dios, no estimó el ser igual a Dios como cosa a que aferrarse, sino que se despojó a sí mismo, tomando forma de siervo, hecho semejante a los hombres; y estando en la condición de hombre, se humilló a sí mismo, haciéndose obediente hasta la muerte, y muerte de cruz. Por lo cual Dios también le exaltó hasta lo sumo, y le dio un nombre que es sobre todo nombre, para que en el nombre de Jesús se doble toda rodilla de los que están en los cielos, y en la tierra, y debajo de la tierra; y toda lengua confiese que Jesucristo es el Señor, para gloria de Dios Padre.[120]

Su magnífico retrato después de la resurrección demuestra Su grandeza:

---

[18] Juan 1:1–5, 10–14.

[19] Colosenses 1:Selectos.

[20] Filipenses 2:5–11.

Su cabeza y sus cabellos eran blancos como blanca lana, como nieve; sus ojos como llama de fuego; y sus pies semejantes al bronce bruñido, refulgente como en un horno; y su voz como estruendo de muchas aguas. Tenía en su diestra siete estrellas; de su boca salía una espada aguda de dos filos; y su rostro era como el sol cuando resplandece en su fuerza... Entonces vi el cielo abierto; y he aquí un caballo blanco, y el que lo montaba se llamaba Fiel y Verdadero, y con justicia juzga y pelea. Sus ojos eran como llama de fuego, y había en su cabeza muchas diademas; y tenía un nombre escrito que ninguno conocía sino Él mismo. Estaba vestido de una ropa teñida en sangre; y su nombre es: La Palabra de Dios. Y los ejércitos celestiales, vestidos de lino finísimo, blanco y limpio, le seguían en caballos blancos. De su boca sale una espada aguda, para herir con ella a las naciones, y Él las regirá con vara de hierro; y Él pisa el lagar del vino del furor y de la ira del Dios Todopoderoso. Y en su vestidura y en su muslo tiene escrito este nombre: REY DE REYES Y SEÑOR DE SEÑORES.[121]

Tal es Su Majestad.

Cristo en Usted, la Esperanza de Gloria

El "misterio que había estado oculto desde los siglos y generaciones; es *Cristo en vosotros, la esperanza de gloria...*"[122]

¡Cristo en Usted!

Jesús en nosotros es el secreto de la vida. Él está *en nosotros* por el Espíritu mientras está sentado con Su Padre en el cielo.[123] Es decir, Él está en nosotros si tenemos fe y obedecemos Su Palabra, ya que Jesús prometió:

---

[121] Apocalipsis 1, 19; Juan 14:6.

[122] Colosenses 1:25–27.

[123] Salmo 110:1; Mateo 22:44; Hechos 2:35; Hebreos 1:13; 10;1–18; Juan 14:9–10, 15–18; 16:5–15; 17:20–23, asumiendo que cumplamos con las condiciones.

He aquí, yo estoy a la puerta y llamo; si alguno oye mi voz y abre la puerta, entraré a él, y cenaré con él, y él conmigo... [124]

Él dio Su Palabra. Él entrará en nosotros *si* escuchamos Su voz y abrirmos la puerta. El abrir la puerta significa participar en la gloria suprema:

...si alguien está *en Cristo*, nueva creación es, las cosas viejas pasaron y he aquí, *todas las cosas son hechas nuevas...* [125]

Todas las cosas son hechas nuevas. En Él, tenemos victoria sobre la carne, somos perfectos, nos convertimos en Sus amigos y podemos agradarle al Padre en todas las cosas. Jesús reitera este punto:

Permaneced *en mí* y yo en vosotros. Como el pámpano no puede llevar fruto por sí mismo, si no permanece en la vid, así tampoco vosotros si no *permanecéis en mí*. Yo soy la vid, vosotros los pámpanos; el que permanece *en mí* y yo en él, ese lleva mucho fruto; porque separados de mi nada podéis hacer...

No podemos hacer nada sin Él; solo en Él podemos tener mucho fruto. Debemos guardar todos Sus mandamientos para permanecer en Él, incluyendo, el ser llenos y caminar con el Espíritu.

Así cerramos el círculo. Jesús en nosotros es la provisión de Dios, ya que, "De tal manera amo Dios al mundo que dió a su único hijo para que todo aquel que en Él cree no se pierda mas tenga vida eterna... y a los que le recibieron, les dio el poder de ser hechos hijos de Dios". [126] Vivimos una vida santa en Su poder. Nos ceñimos de su poder para luchar en contra de un enemigo más grande que nosotros, uno que ni siquiera podemos ver. Pero Jesús está en nosotros por el Espíritu. Sus dones, frutos, armadura y Palabra nos llenan de poder para vencer la carne, al mundo y al diablo a favor de Su iglesia y de nosotros mismos.

---

[124] Apocalipsis 3:20.

[125] 2 Corintios 5:17.

[126] Juan 3:16; 1:12.

Ministrémosle a Él

Podemos ministrar a Jesús. Aparte de nuestra obediencia, es lo único que le podemos ofrecer. Adorar a Jesús como lo hicieron los discípulos sin buscar nada a cambio es ciertamente precioso para Él.

> Había entonces en la iglesia que estaba en Antioquía, profetas y maestros... Ministrando estos al Señor, y ayunando, dijo el Espíritu Santo: Aparatadme a Bernabé y a Saulo para la obra que los he llamado... [127]

Su ministración sobresaltaba singularmente y una vez en su presencia, estaban demasiado preocupados para comer, aún como Moisés lo estaba en la montaña delante del Señor. Ellos ayunaron y le ministraron con canciones de alabanza y adoración. Lo alabaron por Sus grandes obras; conózcalas y cántelas delante de Él con acción de gracias y gozo. Alábelo de acuerdo a Su excelente grandeza; conozca y recite delante del Señor Su magnificencia. Agradézcale por el privilegio de conocer que tan esplendido Él es; agradézcale por la habilidad de ver, aunque solo sea tenuemente Su majestuosa gloria, la magnitud de tal bendición no puede ser absorbida por mortales.

Minístrele amor, "Amaras al Señor tu Dios con todo tu corazón, con toda tu alma, con toda tu mente y con todas tus fuerzas", así como la mujer lo hizo en la ciudad... "cuando la mujer, al saber que Jesús estaba a la mesa en casa del fariseo, trajo un frasco de alabastro con perfume; y estando delante de Él a sus pies, llorando, comenzó a regar con lágrimas sus pies, y los enjugaba con sus cabellos; y besaba sus pies, y los ungía con el perfume".[128] Jesús reconoció su amor, perdono sus pecados y le dijo que se fuera en paz. Su fe la había salvado. Ella fue tocada y ministrada por Él a través de las lágrimas de arrepentimiento y de amor derramado. Era todo lo que ella tenía y era suficiente.

---

[127] Hechos 13:1–5.
[128] Lucas 7:36–50.

Una Meditación[129]
Anexo al Capitulo 8

El Precio Temible de Jesús logró una Asombrosa Liberación

Nuestro maravilloso Señor, Salvador y Dios hizo estas cosas por nosotros y muchas más.

Él "llevó nuestras enfermedades, sufrió nuestros dolores; y nosotros le tuvimos por azotado, por herido de Dios y abatido. Mas Él herido fue por nuestras rebeliones, molido por nuestros pecados; el castigo de nuestra paz fue sobre Él, y por su llaga fuimos nosotros sanados..."

Nos lavó para poder tener parte con Él: Al que nos amó y nos lavó de nuestros pecados con Su sangre...

Nos justificó, "por Su sangre... nos salvó de la ira... nos reconcilió con Dios..."

Nuestro "viejo hombre fue crucificado juntamente con Él, para que el cuerpo del pecado sea destruido, a fin que no seamos esclavos al pecado... Ahora, pues, ninguna condenación hay para los que están en Cristo Jesús, los que no andan conforme a la carne, sino conforme al Espíritu. Porque la ley del Espíritu de vida en Cristo Jesús me ha librado de la ley del pecado y de la muerte

Él es, "el pan de vida que descendió del cielo. Si alguno comiere de ese pan, vivirá para siempre... el que come mi carne y bebe mi sangre, tiene vida eterna; y yo le resucitaré en el día postrero. El que come mi carne y bebe mi sangre, en mí permanece, y yo en él.

---

[129] Isaías 53:Selectos; Éxodo 30:17–21; Juan 6:51–58; 13:8; 14: 15–17; Apocalipsis 1:5; Romanos 5:9–10; 6:6, 9, 29; 2 Corintios 5:17.

Él nos "predestinó para que fuésemos hechos conforme a la imagen de su Hijo, para que Él sea el primogénito de entre muchos hermanos".

"Si me amáis, guardad mis mandamientos. Y yo rogaré al Padre, y os dará otro Consolador, para que esté con vosotros para siempre: el Espíritu de verdad, al cual el mundo no puede recibir, porque no le ve, ni le conoce; pero vosotros le conocéis, porque mora con vosotros, y estará en vosotros".

"De modo que si alguno está en Cristo, nueva criatura es; las cosas viejas pasaron; he aquí todas son hechas nuevas".

El Espíritu de Dios

L A ESCRITURA DESCRIBE al Espíritu Santo. Él llena de poder a los hijos de Dios con discernimiento, sabiduría, conocimiento, fortaleza, fe y poder. Él reviste de poder con grandes obras en el mundo natural y espiritual. Dios "ungió a Jesús con el Espíritu Santo y con poder..."[130]

Él habita con y en nosotros. Él es el Consolador y el Espíritu de Verdad. Nos enseña todas las cosas y nos recuerda todas las cosas. Él revela a Jesús y convence al mundo del pecado, la justicia y el juicio. Él guía a los que escuchan toda la verdad. Él habla en la autoridad del Padre y oye lo que Dios habla. Él nos dice las cosas por venir. Él glorifica a Jesús, tomando de lo suyo para declarárnoslo.[131]

Él es santo y requiere santidad, obediencia y fe. Debemos caminar conforme sus pasos; Él camina conforme al camino del Salvador. Él no caminará en el Espíritu por nosotros, pero Él caminará con nosotros y dará dones a los que los anhelan. Él manifiesta Su fruto en y a través de nuestras vidas. Pero Él no va a hacer estas cosas si nosotros no entendemos y obedecemos en fe. Un ejemplo es, "El que ora en lenguas se edifica a sí mismo". Es incondicional, transparente y mandatorio para la llenura del Espíritu. Cada vez que obedecemos este versículo en fe somos edificados. Si no lo hacemos, no lo somos. Él no va a

---

[130]   Hechos 10:38.

[131]   Juan 14:16–17, 26; 15:26; 16:7–13.

obedecer por nosotros. Él no nos va a edificar a menos que obedezcamos la Palabra. Si no hablamos en lenguas o si no estamos buscando el poder hacerlo, es como si le dijéramos que tiene que cambiar Su Palabra para acomodarse a nuestras preferencias. Él no bendecirá semejante rebeldía. Pero, oh la gloria, para los que obedecen, perseveran, luchan por avanzar y prueban el glorioso misterio del poder de la presencia del Consolador.

Pero aún más, ¿Quién es este maravillo Espíritu Santo? ¿Cómo es Él?

Sabemos que ¡Él es Dios, Él es maravilloso, Él es Todopoderoso, Él es asombrosamente magnificente y Él es la presencia de Dios en la tierra hoy! Pero aún así, ¿quién es Él? El libro *Reese Howells Intercessor*[132] por Norman Grubb es un libro que alcanza su clímax durante la segunda guerra mundial; habla de una ocasión cuando el Espíritu mismo se manifestó con poder asombroso una vez más en la tierra. El director de una escuela, Kingsley C. Priddy describe el trabajo soberano de Dios en una carta que describe esta fascinante manifestación del Espíritu. Mientras miramos esta maravillosa historia, debemos entender que los docentes y alumnos de esta universidad ya eran cristianos consagrados. Muchos ya habían "rendido todo sobre el altar para llevar el evangelio a cada criatura". Pero Priddy con sus propias palabras describe la diferencia de esta visitación del Espíritu Santo.

> Sentíamos que el Espíritu Santo había sido una Persona real para nosotros; hasta donde sabíamos ya lo habíamos recibido, muchos de nosotros habíamos experimentado Sus obras en y atraves de nuestras vidas. Pero la revelación de Su Persona fue tan tremenda que todas nuestras experiencias previas eran como nada. No hubo una aparición visible pero Él se hizo a sí mismo tan real a nuestros ojos espirituales que fue como una experiencia de "cara a cara". Y cuando lo vimos como nunca antes lo habíamos visto, dijimos como Job, "De oídas te había oído; mas ahora mis ojos te ven. Por tanto me aborrezco, y me arrepiento en polvo y ceniza".
>
> A la luz de Su pureza, no importo el *pecado* que hubiera en nosotros más bien el detalle éramos *nosotros mismos*. Vimos dentro de

---

[132] Norman Grubb, *Rees Howells, Intercessor* (Ft. Washington: CLC Publications, 1952) 217–22.

nosotros orgullo y ganancia personal que estaba detrás de todo lo que jamás habíamos hecho. Lujuria y lastima de nosotros mismos fueron descubiertas en lugares que jamás nos imaginamos. Y tuvimos que confesar que no sabíamos nada del Espíritu Santo como una Persona en nuestro interior; que nuestros cuerpos tenían que ser templos del Espíritu Santo. Pero cuando Él pregunto, "¿Quién vive dentro de tu cuerpo?" no pudimos decir que Él lo hacía. En el pasado lo habríamos dicho pero ahora lo habíamos *visto*.

Priddy explico que había "trabajo pendiente en el mundo que solo el Espíritu podría hacer". Ellos empezaron a entender el mandamiento imperativo de Jesús de esperar hasta que el poder el Espíritu Santo descendiera sobre ellos.[133] Priddy dijo que el Espíritu Santo

> ...nos advirtió que las pruebas y tribulaciones para con este trabajo serían tan grandes y los ataques de Satanás tan feroces que la "carne y sangre" nunca podría mantenerse firme. Él nos mostro que a la luz de la crucifixión, cuando vino el choque verdadero contra los poderes de la oscuridad, fue solo el Salvador quien se mantuvo firme. Y mirando adelante hacia los próximos años—a la oscuridad de estos últimos días, la batalla final entre el cielo y el infierno por tomar los reinos de este mundo—pudimos ver que solo una Persona era suficiente para estas cosas y Él es la gloriosa Tercera Persona de la Trinidad dentro de aquellos que le hacían morada en su interior.

> Uno por uno, el tuvo un encuentro con nosotros; rompimos en llanto y quebranto delante de Él. Uno tras de otro levantamos un clamor, como lo hizo Isaías cuando el también vio al Señor: "¡Ay de mi! Que soy muerto... porque soy inmundo". Uno por uno nuestras voluntades fueron rotas y nos rendimos incondicionalmente a Sus términos. Uno tras otro recibimos el glorioso entendimiento: Él había entrado y la maravilla de este privilegio nos sobrecogió.

> La experiencia personal fue tan grande. También había personas nuevas. Su Palabra se volvió tan nueva. Tan a menudo habíamos

---

[133] Lucas 24:49.

diluido su Palabra al nivel de nuestra experiencia. Pero ahora, la Persona dentro de nosotros insistía en elevar nuestra experiencia el nivel de su Palabra. Entendimos que la crucifixión fue una muerte lenta y que Él tendría que obrar mucho en nosotros antes que Él pudiera realmente ser libre para hacer tu trabajo a través de nosotros. Pero una cosa si entendimos—Él había llegado y nunca fallaría.

Por medio de este derramamiento de fuego sobre el sacrificio, el Espíritu sello para sí mismo una compañía de intercesores para cada criatura. Tutores y maestros, doctores y enfermeras, empleados domésticos y de oficina, jardineros y mecánicos: sus profesiones eran diferentes pero su comisión una. Muchos de los estudiantes permanecieron como parte de esta compañía de oración y trabajo. Hay veces cuando en el trato de Dios para sus siervos, Él aparta para sí mismo no solo individuos pero compañías enteras—bautizadas por un Espíritu para un cuerpo, para un propósito designado por Dios—y ahora éramos parte de una de ellas.

Después de ver esta asombrosa carta por Priddy, el *intercesor* describe la dirección del Espíritu para este grupo de creyentes forjados para una intercesión intensiva concerniente de las principales batallas durante la segunda guerra mundial y como, con la oración ferviente, se obtuvo victoria tras victoria. El resultado de Su intervención en los asuntos de la humanidad fue lo que sostuvo un mundo libre donde el evangelio pudo ser predicado a cada criatura.

¿Qué más se le puede añadir?

Solo un susurro, "Ven Espíritu Santo—has tu obra en y a través de nosotros". Luego como Job a la edad de [134], pongo mi mano en mi boca y no diré más.

---

[134] Job 40:1–5.

La Palabra de Dios

E N ESTE CAPÍTULO lucharemos por entender una gloria que está muy por encima de nosotros; así como los cielos lo están de la tierra, así son Sus pensamientos más altos que los nuestros. Pídale que remueva los velos y revele la majestad de Sus pensamientos. Únase con petición de Moisés en decir, "Por favor muéstrame tu gloria".[135] Su Palabra es

> viva y eficaz, y más cortante que toda espada de dos filos; y penetra
> hasta partir el alma y el espíritu, las coyunturas y los tuétanos, y
> discierne los pensamientos y las intenciones del corazón. Es
> como... fuego.... como un martillo que quebranta la piedra.
> Sale de Su boca y no regresa vacía, sino que hace lo que Él quiere
> y es prosperada en aquello para lo cual fue enviada. Es la espada
> del Espíritu, una feroz arma de guerra. Con ella, Él hiere a las
> naciones... entonces vi el cielo abierto; y he aquí un caballo blanco,
> y el que lo montaba se llamaba Fiel y Verdadero, y con justicia juzga
> y pelea. Sus ojos eran como llama de fuego, y había en su cabeza
> muchas diademas; y tenía un nombre escrito que ninguno conocía
> sino él mismo. Estaba vestido de una ropa teñida en sangre; y su
> nombre es: La Palabra de Dios. Y los ejércitos celestiales, vestidos
> de lino finísimo, blanco y limpio, le seguían en caballos blancos. De
> su boca sale una espada aguda, para herir con ella a las naciones,

---

[135] Éxodo 33:18.

y Él las regirá con vara de hierro; y Él pisa el lagar del vino del furor y de la ira del Dios Todopoderoso. Y en su vestidura y en su muslo tiene escrito este nombre: REY DE REYES Y SEÑOR DE SEÑORES. Y vi a un ángel que estaba en pie en el sol, y clamó a gran voz, diciendo a todas las aves que vuelan en medio del cielo: Venid, y congregaos a la gran cena de Dios, para que comáis carnes de reyes y de capitanes, y carnes de fuertes, carnes de caballos y de sus jinetes, y carnes de todos, libres y esclavos, pequeños y grandes. Y vi a la bestia, a los reyes de la tierra y a sus ejércitos, reunidos para guerrear contra el que montaba el caballo, y contra su ejército. Y la bestia fue apresada, y con ella el falso profeta que había hecho delante de ella las señales con las cuales había engañado a los que recibieron la marca de la bestia, y habían adorado su imagen. Estos dos fueron lanzados vivos dentro de un lago de fuego que arde con azufre. Y los demás fueron muertos con la espada que salía de la boca del que montaba el caballo, y todas las aves se saciaron de las carnes de ellos.[136]

Con Su Palabra, Él azota aún a Su propia gente cuando son persistentemente desobedientes:

¿Qué haré a ti, Efraín? ¿Qué haré a ti, oh Judá? Tu fidelidad es como nube de la mañana y roció de la madrugada, que se desvanece. Por esta causa los corté por medio de los profetas, con las palabras de mi boca los maté".[137]

Y otra vez:

Y escribe al ángel de la iglesia en Pérgamo: El que tiene la espada aguda de dos filos dice esto: Yo conozco tus obras, y dónde moras, donde está el trono de Satanás; pero retienes mi nombre, y no has negado mi fe, ni aún en los días en que Antipas mi testigo fiel fue muerto entre vosotros, donde mora Satanás. Pero tengo unas pocas cosas contra ti: que tienes ahí a los que retienen la doctrina

---

[136] Hebreos 4:12; Jeremías 23:29; Isaías 55:11; Efesios 6:17–18; Apocalipsis 19:11–21.

[137] Oseas 6:4–5.

de Balaam, que enseñaba a Balac a poner tropiezo ante los hijos de Israel, a comer de cosas sacrificadas a los ídolos, y a cometer fornicación. Y también tienes a los que retienen la doctrina de los nicolaítas, la que yo aborrezco. Por tanto, arrepiéntete; pues si no, vendré a ti pronto, y pelearé contra ellos con la espada de mi boca.[138]

Su Palabra también es fuente de bondad infinita.[139]

Las Sagradas Escrituras lo pueden hacer sabio para la salvación por la fe que es en Cristo Jesús... Toda la Escritura es inspirada por Dios, y útil para enseñar, para redargüir, para corregir, para instruir en justicia, a fin de que el hombre de Dios sea perfecto, enteramente equipado para toda buena obra... ¿Con qué limpiará el joven su camino? Con guardar tu palabra... En mi corazón he guardado tus dichos, para no pecar contra ti. ¡Oh, cuánto amo yo tu ley! Todo el día ella es mi meditación. Me has hecho más sabio que mis enemigos con tus mandamientos, porque siempre están conmigo. Más que todos mis maestros he entendido, porque tus testimonios son mi meditación. Más que los ancianos he entendido, porque he guardado tus mandamientos; de todo mal camino contuve mis pies, para guardar tu palabra. No me aparté de tus juicios, porque tú me enseñaste. ¡Cuán dulces son a mi paladar tus palabras! Más que la miel a mi boca. De tus mandamientos he adquirido inteligencia; por tanto, he aborrecido todo camino de mentira. Solamente esfuérzate y sé muy valiente, para cuidar de hacer conforme a toda la ley que mi siervo Moisés te mandó; no te apartes de ella ni a diestra ni a siniestra, para que seas prosperado en todas las cosas que emprendas. Nunca se apartará de tu boca este libro de la ley, sino que de día y de noche meditarás en él, para que guardes y hagas conforme a todo lo que en él está escrito; porque entonces harás prosperar tu camino, y todo te saldrá bien.

---

[138] Apocalipsis 2:12–16.

[139] 2 Timoteo 3:14–17; Salmos 119:9, 11; 119:97–104; Josué 1:7–9.

Sección 1. La Palabra de Dios está Viva

Los "pensamientos de Dios no son los nuestros ni nuestros caminos los suyos... así como los cielos son más altos que la tierra, así también son sus caminos más altos que los nuestros y sus pensamientos más altos que los nuestros."[140] Aún en el mejor momento del hombre, él no sería capaz de discernir o siquiera imaginar la remarcable verdad: ¡la Palabra de Dios está viva! Porque

> la palabra de Dios es viva y eficaz, y más cortante que toda espada de dos filos; y penetra hasta partir el alma y el espíritu, las coyunturas y los tuétanos, y discierne los pensamientos y las intenciones del corazón.[141]

Dios habló y Su Palabra vive. No regresa a Él vacía. Cumple su voluntad y es una lámpara a nuestros pies y lumbrera a nuestro camino. Nos da consejo en todas las cosas y nos dice como vencer a la carne, al mundo y al diablo para que podamos obedecer a Jesús y consecuentemente agradar a Dios. Es la medida con la cual nuestros corazones serán medidos. Define la armadura de Dios, controla al universo, gobierna la guerra espiritual y es la poderosa Espada del Espíritu.[142]

Los creyentes alrededor del mundo estudian, predican, enseñan, obedecen y honran la Palabra de Dios. Es una lámpara a nuestros pies y lumbrera a nuestro camino. La meditación de la palabra no es un ejercicio religioso o académico; es vida, esperanza y gozo. Su poder nos levanta mientras consideramos su gloria. Sentimos su poder y sentimos la presencia del Espíritu mientras Él nos lo da. Dios libera su poder a través de Su Palabra para hacer lo que Él dice. Nuestro camino está protegido, bendecido y prosperado al grado que nos aplicamos al estudio con oración y a la obediencia de la Escritura.

---

[140] Isaías 55:8–9, 11.
[141] Hebreos 4:12.
[142] Amos 7:7–9; Juan 12:44–50; Isaias 55:8–12; Salmos 119:105; Efesios 6:10–20.

Su Definición

La Palabra es tan amplia que su significado no puede ser encapsulado en tan solo una palabra ya sea en hebreo, griego, o español. Al menos veintitrés palabras hebreas y griegas (y más de cien en español) son usadas en un intento de expresar el significado. Aún así, batallamos en entenderlo. W.E. Vine nos provee con un maravilloso resumen.[143]

> Dos expresiones Griegas definen la *Palabra*. La primera es *logos* y la segunda, *rhema*. Estas dos son usadas casi intercambiablemente pero tienen leves diferencias. *Logos* tiene dos funciones: 1) expresar los pensamientos de Dios y 2) referirse a *la Palabra Personal*, Jesucristo. En conexión con la expresión de los pensamientos de Dios, se refiere a la voluntad revelada de Dios o es una revelación directa de Cristo. En estos sentidos, es el mensaje de Dios entregado con Su autoridad hecho efectivo por Su poder. También *logos* a veces se usa para referirse a la completitud del habla de Dios.
>
> Refiriéndonos a Jesús, *la Palabra Personal*, vemos Su distinta y superinfinita personalidad, Su relación con Dios en una comunión íntima y Su deidad. Él fue la gloria *shekinah* a través una manifestación abierta. ¿Por qué se le llamaba como la *Palabra*? Jesús estaba en realidad declarando (manifestando una función declarativa) a Dios la manifestación personal de Su deidad. "Nadie ha visto a Dios. Solo el único Hijo de Dios que está en el seno del Padre, Él le ha dado a conocer"[144] Similarmente, de esta manifestación, Pablo podría decir, "En Jesús habita la plenitud de Dios hecha carne"[145] y Jesús podría decirle a Felipe, "He estado contigo por tanto tiempo y ¿aún no me conoces? El que me ha visto ha visto al Padre; ¿cómo pues dices, muéstranos al Padre?"[146]
>
> La segunda palabra griega, *rhema*, significa "aquello que es hablado". La importancia de *rhema* (como distinción de *logos*) es

---

[143] Vine, *logos*, Strong # 3056, 683.

[144] Vine, *logos*, Strong # 3056, 683.

[145] Colosenses 2:9.

[146] Juan 14:8–9.

ejemplificada en el enunciado de "tomar la espada del Espíritu, la Palabra (rhema) de Dios", lo que se refiere no a la Biblia entera pero a la Escritura individual que el Espíritu nos recuerda para ser usada en un tiempo de necesidad, un requisito previo siendo el almacenamiento regular de la Escritura en la mente.

La Espada del Espíritu

Considere a *rhema* como la Espada del Espíritu en los siguientes ejemplos.

1. Tentación—Luchamos contra nuestra carne. Aunque luchamos en contra de diferentes tentaciones, de vez en cuando, sucumbimos ante el pecado y caemos. Esto es agravante y humillante, y conforme crece el tiempo que hemos caminado con el Señor tenemos la tendencia a despreciarnos a nosotros mismos por haber vuelto a caer hasta que finalmente entendemos que esta es la naturaleza de la carne. Debemos afrentar el hecho que todos caemos. El enojarse o sentirse mal de nosotros mismos no cambia nada. La falla nos separa de la paz. Podemos revolcarnos en la impureza (algo que la carne ama) hasta que no seamos de ningún valor o podemos usar la Espada del Espíritu para terminar con el problema. La decisión es nuestra.

¿Cómo? Debemos comenzar con conocimiento. Debemos entender que solo hay una cosa que podemos hacer acerca de nuestro pecado: "Si confesaremos nuestros pecados Él es fiel y justo para perdonarnos y limpiarnos de toda inmundicia".[147] Él no nos reprocha; Él simplemente requiere que le confesemos nuestro pecado. Cuando lo hacemos en la autoridad de Su Palabra, el poder la Espada hace el resto. Es como un rayo de Dios que es lanzado para nuestra ayuda. Somos restaurados y limpiados de *toda* injusticia. La Espada del Espíritu es poderosa. Derrota a la carne y al diablo. Vine dijo que debemos usar la espada del Espíritu, la Palabra de Dios, la cual nos recuerda el Espíritu en tiempo de necesidad. Hagámoslo por el resto de nuestras vidas.

---

[147] 1 Juan 1:9.

2. Fe—"Sin fe es imposible agradar a Dios porque es necesario que el que se acerca a Dios crea que le hay, y que es galardonador de los que le buscan".[148] ¿Cómo tenemos fe para agradarle a Dios? "La fe viene del oír y el oír la palabra [rhema] de Dios". Pero no únicamente *rhema* también *logos* ya que mientras más conozcamos a Dios y a Su Palabra y Sus muchos hechos, señales y prodigios, nuestra fe será mayormente edificada. La fe crece conforme caminamos con Él y experimentamos Su amor, protección, realidad, poder y ministerio. Podemos confiar aún más en Él cuando vemos que Él esta tiernamente involucrado en las vidas y muertes de nuestros hermanos.[149]

3. Oración—La biblia habla acerca de qué y cómo orar. Cuando oramos como se nos indica sabemos—que sabemos que sabemos—que nuestra petición será concedida: "Y esta es la confianza que tenemos en Él, que si pedimos alguna cosa conforme a su voluntad, Él nos oye. Y si sabemos que Él nos oye en cualquiera cosa que pidamos, sabemos que tenemos las peticiones que le hayamos hecho".[150] No tenemos que esperar o cruzar los dedos de que algo suceda. Oramos con fe porque "la fe vienen del oír y el oír la Palabra de Dios".[151] Como la Palabra nos dice que orar, tenemos fe sobre lo que pedimos y si pedimos en fe, tenemos nuestra petición: "Por tanto, os digo que lo que pidieres orando, creed que lo recibiereis y os vendrá".[152]

> Y recorría Jesús todas las ciudades y aldeas, enseñando en las sinagogas de ellos, y predicando el evangelio del reino, y sanando toda enfermedad y toda dolencia en el pueblo. Y al ver las multitudes tuvo compasión de ellas; porque estaban desamparadas y dispersas como ovejas que no tienen pastor. Entonces dijo a sus discípulos: A la verdad la mies es mucha, mas los obreros pocos.

---

[148] Hebreos 11:6.

[149] Vea los muchos ejemplos en *Works of John Wesley*, Volumes 1 y 2, Baker Books, Grand Rapids.

[150] 1 Juan 5:14–15.

[151] Romanos 10:17.

[152] Marcos 11:24.

Orad, pues, al Señor de mies que envíe obreros para su cosecha.[153]

Cuando oramos esta oración, podemos orar en absoluta fe porque sabemos que estamos pidiendo conforme a Su voluntad y sabemos que el nos oye, y si Él nos oye sabemos que nuestra petición nos es concedida. Él enviara obreros a Su cosecha. Cuando Él lo hace, serán llenos de poder de la misma maravillosa forma que siempre lo ha sido. Si integramos el conocimiento, la oración y el Espíritu, soltamos a su Espada para cumplir los propósitos de Dios para Su gloria.

4. La Armadura—Caminar en el Espíritu en conocimiento y obediencia es poderoso. Nos prepara para Efesios 6:

> Por lo demás, hermanos míos, fortaleceos en el Señor, y en el poder de su fuerza. Vestíos de toda la armadura de Dios, para que podáis estar firmes contra las asechanzas del diablo. Porque no tenemos lucha contra sangre y carne, sino contra principados, contra potestades, contra los gobernadores de las tinieblas de este siglo, contra huestes espirituales de maldad en las regiones celestes. Por tanto, tomad toda la armadura de Dios, para que podáis resistir en el día malo, y habiendo acabado todo, estar firmes. Estad, pues, firmes, ceñidos vuestros lomos con la verdad, y vestidos con la coraza de justicia, y calzados los pies con el apresto del evangelio de la paz. Sobre todo, tomad el escudo la fe, con que podáis apagar todos los dardos de fuego del maligno. Y tomad el yelmo de la salvación, y la espada del Espíritu, que es la palabra de Dios...[154]

Así hacemos la transición de victima a victorioso, cuando nos ponemos[155] la armadura de Dios en contra de los poderosos enemigos espirituales.

---

[153]   Mateo 9:35–38.
[154]   Efesios 6:10–20.
[155]   Cuando nos la ponemos "de una vez por todas" como en el griego.

5. Lenguas— ¡Tenemos victoria cuando entendemos y nos paramos en la Palabra! "El que habla en lenguas se edifica a sí mismo". [156] Este versículo es tan real y poderoso como "Porque de tal manera amo Dios al mundo que ha dado a su único Hijo para que todo aquel que en Él cree no se pierda mas tenga vida eterna" y como "Si confesamos nuestros pecados, Él es fiel y justo para perdonarnos y limpiarnos de toda inmundicia". [157] El que habla en leguas se edifica a sí mismo en el Espíritu y puede amar y alimentar mejor a la iglesia. Usted debe confiar en la Palabra de Dios; ore en el Espíritu aún en medio de críticos o burlones. Las lenguas edifican y nada puede evitarlo.

La Palabra No Debe Ser Desobedecida

Dios odia la desobediencia. Samuel reprendió a Saúl, "¿Se complace el Señor tanto en los holocaustos y víctimas, como en que se obedezca Su voz? Ciertamente el obedecer es mejor que los sacrificios, y el prestar atención que la grosura de los carneros. Porque como pecado de hechicería es la rebeldía, y como idolatría e iniquidad la necedad. Por cuanto tú desechaste la palabra del Señor, Él también te ha desechado para que no seas rey". [158] El requerimiento precedía a Saúl, ya que la transgresión de Adán y Eva fue el pecado de desobediencia. [159] El Señor llamó a Moisés, diciéndole: "Así dirás a la casa de Jacob y a los hijos de Israel: Vosotros visteis lo que hice a los egipcios, y como yo os tome sobre alas de águilas y os he traído a mí. Ahora pues, si dieres oído a mi voz, y guardareis mi pacto, vosotros seréis mi especial tesoro sobre todos los pueblos; porque mía es toda la tierra. Y vosotros me seréis un reino de sacerdotes y una nación santa". [160]

Si obedece, será bendecido; si no lo hace, no lo será. Israel probó rápidamente al Señor. "Nadab y Abiú, hijos de Aarón, tomaron cada uno su incensario, y pusieron incienso, y ofrecieron delante del Señor fuego extraño que Él nunca les mandó. Y salió fuego de delante del Señor y los quemó, y murieron delante

---

[156] 1 Corintios 14:4.

[157] Juan 3:16; 1 Juan 1:9.

[158] 1 Samuel 15:22–23.

[159] Génesis 3:11.

[160] Éxodo 19:3–6.

del Señor. Entonces dijo Moisés a Aarón: Esto es lo que hablo el Señor diciendo: En los que a mí se acercan me santificaré, y en presencia de todo el pueblo seré glorificado".[161] Ellos desobedecieron, tuvieron una religión a su manera y pagaron el precio de su insolencia con sus vidas.

Dios no ha cambiado. La obediencia es un mandato. Jesús dijo, "No todo el que me dice: Señor, Señor, entrará en el reino de los cielos, sino el que hace la voluntad de mi Padre que está en los cielos. Muchos me dirán en aquel día: Señor, Señor, ¿No profetizamos en tu nombre, y en tu nombre echamos fuera demonios, y en tu nombre hicimos muchos milagros? Y entonces les declararé: Nunca os conocí; apartaos de mí, hacedores de maldad".[162] La iniquidad significa anarquía (sin ley) y el rechazo de la voluntad de Dios y su substitución por la voluntad propia.[163] La iniquidad es el antónimo de la obediencia. El grito de la voluntad propia es rebeldía. Dios juzga severamente a la rebeldía.

En la Obediencia hay Gran Bendición

Nadie debe vivir de manera complaciente. Aquellos que tienen y guardan los mandamientos de Jesús son los que lo aman. Los mentirosos dicen que lo conocen pero no guardan Sus mandamientos. Jesús fue claro: es imposible agradarle sin obediencia; sin obediencia es imposible permanecer en Él; sin permanecer en Él, es imposible llevar fruto; sin llevar fruto, los pámpanos serán cortados y lanzados al fuego. La obediencia es lo primordial y principal. Fuera de ella, solo hay una terrible alternativa.[164]

Sección 2. Los Mandamientos de Cristo

Si deseáis entrar a la vida, guardad los mandamientos. Si guardaréis mis mandamientos permaneceréis en mi amor; así como yo he guardado los mandamientos de mi Padre y permanezco en su amor...Y en esto sabemos que nosotros le conocemos, si guardamos sus mandamientos. El que dice: Yo le conozco, y no guarda sus

---

[161]   Levítico 10:1–3.

[162]   Mateo 7:21–23.

[163]   Vine. 357.

[164]   Sinopsis de un párrafo de versos selectos de Juan 14, Juan 15, 1 Juan 2, y 1 Juan 5.

mandamientos, el tal es mentiroso, y la verdad no está en él; pero el que guarda su palabra, en éste verdaderamente el amor de Dios se ha perfeccionado".[165]

¿Pero Cuáles Son Sus Mandamientos?

Este estudio responde a la pregunta seleccionando pasajes que contienen *palabras o mandamientos* hablados por el Señor y tiene como propósito descubrir Su significado para cada uno de ellos. Catorce pasajes son usados. Todos los candidatos como *palabras, leyes, mandamientos, decretos, instrucciones y escritos,* etc., son estudiados. Los pasajes han sido copiados con las palabras contenidas claramente identificadas.

El resultado de examinar los pasajes es una lista de veintitrés palabras que encapsulan instrucciones, mandamientos, información, etc., de Dios para el hombre. Estas son identificadas y enumeradas al final del capítulo. Para cada una de estas veintitrés palabras, se muestra la expresión del hebreo (o griego) así como una breve definición y las varias formas en las que son traducidas al inglés (español) con las incidencias de uso principales en inglés también descritas.

El análisis refleja un patrón claro: *las palabras interrelacionan y comprenden al Viejo y Nuevo Testamento,* haciendo un libro de los dos. Ese libro es la Biblia. Es indudablemente claro que Jesús y los discípulos se refieren[166] y expanden el Nuevo Testamento sobre el Antiguo.

La conclusión es que los mandamientos de Jesús *¡incluyen toda la Biblia!* Para guardar Sus mandamientos necesitamos obedecer *toda* la Escritura, correctamente dividida. Esto tiene perfecto sentido, ya que Dios es un Dios y Su Palabra es una Palabra.

Catorce Pasajes Selectos

1. Por tanto, pondréis estas mis *palabras*[1] [*dabar*][(167)] en vuestro corazón y en vuestra alma, y las ataréis como señal en vuestra mano,

---

[165] Mateo 19:17; Juan 14:15; 15:10; 1 Juan 2:3–5.

[166] Esta verdad es comprensivamente establecida en *limpy,* 130–38.

[167] Quick Verse, Concordancia NAS.

y serán por frontales entre vuestros ojos. Y las enseñaréis a vuestros hijos, hablando de ellas cuando te sientes en tu casa, cuando andes por el camino, cuando te acuestes, y cuando te levantes, y las escribirás en los postes de tu casa, y en tus puertas; para que sean vuestros días, y los días de vuestros hijos, tan numerosos sobre la tierra que el Señor juró a vuestros padres que les había de dar, como los días de los cielos sobre la tierra. Porque si guardareis cuidadosamente todos estos *mandamientos*[2] [*mitsvah*] que yo os prescribo para que los cumpláis, y si amareis al Señor vuestro Dios, andando en todos sus caminos, y siguiéndole a él, Dios también echará de delante de vosotros a todas estas naciones, y desposeeréis naciones grandes y más poderosas que vosotros. Todo lugar que pisare la planta de vuestro pie será vuestro; desde el desierto hasta el Líbano, desde el río Éufrates hasta el mar occidental será vuestro territorio. Nadie se sostendrá delante de vosotros; miedo y temor de vosotros pondrá Jehová vuestro Dios sobre toda la tierra que pisareis, como Él os ha dicho. He aquí yo pongo hoy delante de vosotros la bendición y la maldición: la bendición, si oyereis los *mandamientos*[2] del Señor vuestro Dios, que yo os prescribo hoy, y la maldición, si no oyereis los mandamientos del Señor vuestro Dios, y os apartareis del camino que yo os ordeno hoy, para ir en pos de dioses ajenos que no habéis conocido. (Deut. 11:18-28)

2. Nadie te podrá hacer frente en todos los días de tu vida; como estuve con Moisés, estaré contigo; no te dejaré, ni te desampararé. Esfuérzate y sé valiente; porque tú repartirás a este pueblo por heredad la tierra de la cual juré a sus padres que la daría a ellos. Solamente esfuérzate y sé muy valiente, para cuidar de hacer conforme a toda la *ley*[3] [*torah*] que mi siervo Moisés te mandó; no te apartes de ella ni a diestra ni a siniestra, para que seas prosperado en todas las cosas que emprendas. Nunca se apartará de tu boca este *libro*[4] [*sepher*] de la ley, sino que de día y de noche meditarás en él, para que guardes y hagas conforme a todo lo que en él está *escrito*[5] [*kathab*]; porque entonces harás prosperar tu camino, y todo te saldrá bien. (Jos 1:5-8)

3. Tus *estatutos*[6] [choq] guardaré; no me dejes enteramente. ¿Con qué limpiará el joven su camino? Con guardar tu *palabra*[1]. Con todo mi corazón te he buscado; no me dejes desviarme de

tus *mandamientos*.[2] En mi corazón he guardado tus dichos, para
no pecar contra ti. Bendito tú, oh Señor; enséñame tus estatutos.
Con mis labios he contado todos *mandatos*[7] [*mishpat*] de tu boca.
Me he gozado en el camino de tus *testimonios*[3] [*eduth*] más que de
toda riqueza. En tus *preceptos*[9] [*piqqud*] meditaré; consideraré tus
caminos[10] [*orach*]. Me regocijaré en tus estatutos; no me olvidaré
de tus palabras. Haz bien a tu siervo; que viva, y guarde tu palabra.
(Sal. 119:8-17)

4. Pero persiste tú en lo que has aprendido y te convenciste,
sabiendo de quién has aprendido; y que desde la niñez has sabido
las Sagradas[11] [*hieros*] *Escrituras*[12] [*gramma*], las cuales te pueden
hacer sabio para la salvación por la fe que es en Cristo Jesús. Toda
la *Escritura*[13] [*graphay*] es inspirada por Dios, y útil para enseñar,
para redargüir, para corregir, para instruir en justicia, a fin de que
el hombre de Dios sea perfecto, enteramente preparado para toda
buena obra. (2 Tim. 3:14-17)

5. Entonces Jesús fue llevado por el Espíritu al desierto, para ser
tentado por el diablo. Y después de haber ayunado cuarenta días
y cuarenta noches, tuvo hambre. Y vino a Él el tentador, y le dijo:
Si eres Hijo de Dios, di que estas piedras se conviertan en pan. Él
respondió y dijo: *Escrito*[14] [*graphw*] está: No sólo de pan vivirá
el hombre, sino de toda *palabra*[15] [*rayma*] que sale de la boca de
Dios. Entonces el diablo le llevó a la santa ciudad, y le puso sobre
el pináculo del templo, y le dijo: Si eres Hijo de Dios, échate abajo;
porque escrito está: A sus ángeles mandará acerca de ti, y en sus
manos te sostendrán, para que no tropieces con tu pie en piedra.
Jesús le dijo: Escrito está también: No tentarás al Señor tu Dios.
Otra vez le llevó el diablo a un monte muy alto, y le mostró todos
los reinos del mundo y la gloria de ellos, y le dijo: Todo esto te
daré, si postrado me adorares. Entonces Jesús le dijo: Vete, Satanás,
porque escrito está: Al Señor tu Dios adorarás, y a él sólo servirás.
(Mat. 4:1-10)

6. En el principio era la *Palabra*[16] [*logos*], y la Palabra era con Dios,
y la Palabra era Dios. Este era en el principio con Dios. Todas las
cosas por Él fueron hechas, y sin Él nada de lo que ha sido hecho,
fue hecho. En Él estaba la vida, y la vida era la luz de los hombres.

La luz en las tinieblas resplandece, y las tinieblas no prevalecieron contra ella. (Juan 1:1-5)

7. Más a la mitad de la fiesta subió Jesús al templo, y *enseñaba*[17] [*didasko*]. Y se maravillaban los judíos, diciendo: ¿Cómo sabe éste letras, sin haber estudiado? Jesús les respondió y dijo: Mi *enseñanza*[18] [*didachay*] no es mía, sino de aquel que me envió. El que quiera hacer la voluntad de Dios, conocerá si la doctrina es de Dios, o si yo *hablo*[19] [*laleo*] por mi propia cuenta. El que habla por su propia cuenta, su propia gloria busca; pero el que busca la gloria del que le envió, éste es verdadero, y no hay en él injusticia. ¿No os dio Moisés la *Ley*[20] [*nomos*], y ninguno de vosotros cumple la ley? ¿Por qué procuráis matarme? Respondió la multitud y dijo: Demonio tienes; ¿quién procura matarte? (Juan 7:14-20).

8. Les dijo, pues, Jesús: Cuando hayáis levantado al Hijo del Hombre, entonces conoceréis que yo soy, y que nada hago por mí mismo, sino que según me enseñó el Padre, así *hablo*[19]. Porque el que me envió, conmigo está; no me ha dejado solo el Padre, porque yo hago siempre lo que le agrada. Hablando él estas cosas, muchos creyeron en Él. Dijo entonces Jesús a los judíos que habían creído en Él: Si vosotros permaneciereis en mi *palabra*[16], seréis verdaderamente mis discípulos; y conoceréis la verdad, y la verdad os hará libres. (Juan 8:28-32)

9. Jesús les respondió: ¿No está *escrito*[14] en vuestra *Ley*[20]: Yo dije, dioses sois? Si llamó dioses a aquellos a quienes vino la palabra de Dios (y la Escritura no puede ser quebrantada), ¿al que el Padre santificó y envió al mundo, vosotros decís: Tú blasfemas, porque dije: Hijo de Dios soy? (Juan 10:34-36)

10. Jesús clamó y dijo: El que cree en mí, no cree en mí, sino en el que me envió; y el que me ve, ve al que me envió. Yo, la luz, he venido al mundo, para que todo aquel que cree en mí no permanezca en tinieblas. Al que oye mis *palabras*[15], y no las guarda, yo no le juzgo; porque no he venido a juzgar al mundo, sino a salvar al mundo. El que me rechaza, y no recibe mis palabras, tiene quien le juzgue; la *palabra*[16] que he *hablado*[19], ella le juzgará en el día postrero. Porque yo no he *hablado*[19] por mi propia cuenta; el Padre que me envió, él

me dio *mandamiento*[21] [*entolay*] de lo que he de *decir*[22] [*lego*], y de lo que he de hablar. Y sé que su mandamiento es vida eterna. Así pues, lo que yo hablo, lo hablo como el Padre me lo ha dicho. (Juan 12:14-50)

11. Entonces, cuando hubo salido, dijo Jesús: Ahora es glorificado el Hijo del Hombre, y Dios es glorificado en él. Si Dios es glorificado en él, Dios también le glorificará en sí mismo, y en seguida le glorificará. Hijitos, aún estaré con vosotros un poco. Me buscaréis; pero como dije a los judíos, así os digo ahora a vosotros: A donde yo voy, vosotros no podéis ir. Un *mandamiento*[21] nuevo os doy: Que os améis unos a otros; como yo os he amado, que también os améis unos a otros. En esto conocerán todos que sois mis discípulos, si tuviereis amor los unos con los otros. (Juan 13:31-35)

12. Si me amáis, guardad mis *mandamientos*[21]. Y yo rogaré al Padre, y os dará otro Consolador, para que esté con vosotros para siempre: el Espíritu de verdad, al cual el mundo no puede recibir, porque no le ve, ni le conoce; pero vosotros le conocéis, porque mora con vosotros, y estará en vosotros. No os dejaré huérfanos; vendré a vosotros. Todavía un poco, y el mundo no me verá más; pero vosotros me veréis; porque yo vivo, vosotros también viviréis. En aquel día vosotros conoceréis que yo estoy en mi Padre, y vosotros en mí, y yo en vosotros. El que tiene mis *mandamientos*[21], y los guarda, ése es el que me ama; y el que me ama, será amado por mi Padre, y yo le amaré, y me manifestaré a él. Le dijo Judas (no el Iscariote): Señor, ¿cómo es que te manifestarás a nosotros, y no al mundo? Respondió Jesús y le dijo: El que me ama, mi *palabra*[16] guardará; y mi Padre le amará, y vendremos a él, y haremos morada con él. El que no me ama, no guarda mis *palabras*[16]; y la <u>palabra</u> que habéis oído no es mía, sino del Padre que me envió. Os he dicho estas cosas estando con vosotros. Mas el Consolador, el Espíritu Santo, a quien el Padre enviará en mi nombre, Él os enseñará todas las cosas, y os recordará todo lo que yo os he dicho. La paz os dejo, mi paz os doy; yo no os la doy como el mundo la da. No se turbe vuestro corazón, ni tenga miedo. Habéis oído que yo os he dicho: Voy, y vengo a vosotros. Si me amarais, os habríais regocijado, porque he dicho que voy al Padre; porque el Padre mayor es que yo. Y ahora os lo he dicho antes que suceda, para que cuando

suceda, creáis. No hablaré ya mucho con vosotros; porque viene el príncipe de este mundo, y él nada tiene en mí. Mas para que el mundo conozca que amo al Padre, y como el Padre me *mandó*[23] [*entello*], así hago. Levantaos, vamos de aquí. (Juan 14:15-31)

13. Yo soy la vid verdadera, y mi Padre es el labrador. Todo pámpano que en mí no lleva fruto, lo quitará; y todo aquel que lleva fruto, lo limpiará, para que lleve más fruto. Ya vosotros estáis limpios por la *palabra*[16] que os he hablado. Permaneced en mí, y yo en vosotros. Como el pámpano no puede llevar fruto por sí mismo, si no permanece en la vid, así tampoco vosotros, si no permanecéis en mí. Yo soy la vid, vosotros los pámpanos; el que permanece en mí, y yo en él, éste lleva mucho fruto; porque separados de mí nada podéis hacer. El que en mí no permanece, será echado fuera como pámpano, y se secará; y los recogen, y los echan en el fuego, y arden. Si permanecéis en mí, y mis *palabras*[16] permanecen en vosotros, pedid todo lo que queréis, y os será hecho. En esto es glorificado mi Padre, en que llevéis mucho fruto, y seáis así mis discípulos. Como el Padre me ha amado, así también yo os he amado; permaneced en mi amor. Si guardareis mis *mandamientos*[21], permaneceréis en mi amor; así como yo he guardado los *mandamientos*[21] de mi Padre, y permanezco en su amor. Estas cosas os he hablado, para que mi gozo esté en vosotros, y vuestro gozo sea cumplido. Este es mi *mandamiento*[21]: Que os améis unos a otros, como yo os he amado. Nadie tiene mayor amor que este, que uno ponga su vida por sus amigos. Vosotros sois mis amigos, si hacéis lo que yo os *mando*[23] [*entello*]. Ya no os llamaré siervos, porque el siervo no sabe lo que hace su señor; pero os he llamado amigos, porque todas las cosas que oí de mi Padre, os las he dado a conocer. No me elegisteis vosotros a mí, sino que yo os elegí a vosotros, y os he puesto para que vayáis y llevéis fruto, y vuestro fruto permanezca; para que todo lo que pidiereis al Padre en mi nombre, él os lo dé. Esto os *mando*[23]: Que os améis unos a otros. (Juan 15)

14. Y en esto sabemos que nosotros le conocemos, si guardamos sus *mandamientos*[21]. El que dice: Yo le conozco, y no guarda sus mandamientos, el tal es mentiroso, y la verdad no está en él; pero el que guarda su palabra, en éste verdaderamente el amor de Dios se ha perfeccionado; por esto sabemos que estamos en él. El que dice que permanece en él, debe andar como él anduvo. Hermanos, no os escribo mandamiento nuevo, sino el mandamiento antiguo que habéis tenido desde el principio; este mandamiento antiguo es la palabra que habéis oído desde el principio. Sin embargo, os escribo un mandamiento nuevo, que es verdadero en Él y en vosotros, porque las tinieblas van pasando, y la luz verdadera ya alumbra. (1 Juan 2:3-8)

Palabras Aplicables en Hebreo y Griego

1. dabar: habla, orden, mandamiento, dicho, palabra(s) (458)/(375).
2. mitsvah: orden, mandamiento (34), mandatos (118), ordenanzas.
3. torah: dirección, instrucción, costumbre, decreto, porción, estatuto (9), estatutos (75).
4. sepher: un comunicado, documento, escrito, libro (77), Libro (47), libros.
5. kathab: decreto, descripción, registro, escribir (31), escritó (126), escribió (27).
6. choq: condiciones, costumbre, decreto, porción, estatuto (9), estatutos (75).
7. mishpat: juez, juicio(s) (62)/(40), justicia (118), ordenanza(s) (75).
8. eduth: amonestaciones, ordenanza, testimonios (13), testimonio (43).
9. piqqud: preceptos (24).
10. orach: carretera, senderos (13), camino (15).
11. hieros: cosa sagrada, sagrado, servicios sagrados, templo (71).
12. gramma: aquello que es escrito, carta (5), cartas (2), escritos (2).
13. graphay: una escritura, Escritura (31), Escrituras (20).
14. grapho: leer, escribir (37), escritura (14), escritó (117), escribió (20).
15. rayma: discurso, mensaje, dicho, oratoria, palabra (118), palabras (22).
16. logos: mensaje, dicho, oratoria (18), palabra(s) (174)/(61), Palabra (6).
17. didasko: instruir, enseñó, enseñar (33), enseña, enseñando (43).
18. didachay: doctrina, instrucción, enseñanza (27), enseñanzas.
19. laleo: decir, habla(n) (98)/(25), hablando (55), habló (44), hablado (37), contar.
20. nomos: aquello que es asignado, ley (61), Ley (131).
21. entolay: orden, mandato, mandamiento(s) (38)/(23), instrucciones.
22. lego: dicho (1083), decir (376), dice (94), diciendo (497), contar (69), contó (34).
23. entello: ordenar, mandar (4), mandó (6), mandamiento.

Como Estudiar la Biblia

E L CAPITULO 7 se enfoca en la misión de los ancianos y lideres de protección y dirección para las ovejas de Jesús. El Capitulo 11 muestra como los ancianos deben estudiar y enseñar Su Palabra. La primera parte del capítulo provee un panorama de los principios involucrados en el estudio y la segunda parte, la aplicación de los principios de una vida santa.

Panorama de Los Principios de Estudio Bíblico

El Señor nos dio un patrón bíblico para el estudio y la enseñanza de la Escritura en el camino a Emaús.[168] El dijo, "¡Oh insensatos y tardos de corazón para creer todo lo que los profetas han dicho! ¿No era necesario que el Cristo padeciera estas cosas y que entrara en su gloria? Y comenzando desde Moisés y siguiendo por todos los profetas les declaraba[169] [diermēneuō, (dia, expandía, intensivo, hermeneuo, interpretaba); en Español, hermenéutica] en todas las Escrituras lo que de Él decían".

Note lo que el Señor hizo y no hizo.

El uso toda la Escritura acerca de si mismo y declarándoles expandió (intensivamente interpreto) cada versículo. Lo que Él no hizo fue usar cualquier

---

[168]   Lucas 24:13–35.
[169]   Vine, diermēneuō, G1329, 219.

cosa fuera de la Escritura para explicar la Palabra de Dios. Tampoco nosotros debemos hacerlo, aunque algunos nos urgen a utilizar la historia, geografía y o eventos políticos o culturales para interpretar lo que el Señor quiere decir cuando Él ya dice lo que quiere. Un riesgo muy alto reside en ese consejo. Sigamos los principios de Jesús para nuestro estudio.

Cinco Axiomas para Guiar el Estudio Bíblico

1. Estar dispuestos a obedecer el versículo cuando sea entendido. Este es el mandato primordial, sin este, el error ocurrirá. Jesús dijo, "Mi doctrina no es mía sino de Aquél que me envió. *El que quiera hacer la voluntad de Dios,* conocerá si la doctrina es de Dios, o si yo hablo por mi propia cuenta… si permanecéis en mi Palabra, seréis verdaderamente mis discípulos; y conoceréis la verdad y la verdad os hará libres…"[170] En Hechos 10, cuando habla acerca de Cornelio y los gentiles (a quienes los judíos consideraban inmundos), el Señor le mostró a Pedro la verdad acerca de la salvación profetizada. En una visión, Él le dijo a Pedro, "Levántate Pedro, mata y come". Pero Pedro, a causa de la tradición judía[171] que llevó por toda su vida dijo que no podía hacerlo porque nunca había comido nada inmundo. En la visión, el Señor utilizó animales inmundos y Él quería que Pedro supiera que el tiempo había llegado para la Salvación de los gentiles. Pedro obedeció y fue con Cornelio, y el Señor derramo su salvación y Espíritu sobre los gentiles. El Señor cumplió la Escritura enfrente de los ojos de Pedro y él entendió completamente. Pero primero tuvo que estar abierto al Señor y estar dispuesto a cambiar conforme él recibía mayor claridad.

2. Cuidadosamente lea el versículo para ver lo que dice (usando las palabras definidas en el diccionario). Recuerde que la

---

[170] Juan 7:17; 8:31–32.

[171] Mantenga en mente: 1) la plenitud del tiempo había llegado. Él Señor estaba cumpliendo la profecía del AT; 2) Él les estaba dando a Sus apóstoles un entendimiento completo de la Escritura, correctamente dividido; y 3) los apóstoles caminaron con Jesús mismo y fueron llenos de y caminaron con el Espíritu Santo, que les estaba hablando y enseñando la Palabra de Dios.

escritura dice lo que quiere decir y quiere decir lo que dice. Busque una interpretación literal para las palabras. Si las entiende en el contexto del versículo, entonces sabe lo que el Señor está diciendo. No necesita una *opinión misteriosa* de alguien con motivos desconocidos, alguien que podría decirle que las palabras sencillas no quieren decir lo que expresan de manera simple aún cuando el hecho es que *eso es exactamente lo que quieren decir.*

3. Entienda el significado en contexto (versículo, capitulo, libro). Considere el Sermón del Monte. "Viendo la multitud, subió al monte; y sentándose, vinieron a él sus discípulos. Y abriendo su boca les enseñaba, diciendo…"[172] Entendamos lo que este versículo está diciendo. ¿A quién le enseñaba Jesús? ¿A las multitudes? ¿A los discípulos? ¿A ambos?

Esta pregunta no puede ser contestada con la información disponible hasta este punto en el versículo. Usted podría tratar de adivinar cuál de las tres respuestas es la correcta pero no tendría la certeza de que estuviera correcto. La respuesta correcta sería, "Dado el texto hasta el momento, no lo sé". No estudiamos la Palabra para adivinar su significado. O entendemos lo que está escrito o necesitamos más información. Para esto, buscamos en el contexto del pasaje. Recuerde, este ejemplo es del Sermón del Monte, cubriendo los capítulos 5 y 7. Por lo tanto, examinemos todo el sermón. Encontramos la respuesta en los últimos dos versículos: "Y cuando termino Jesús estas palabras, la gente se admiraba de su doctrina; porque les enseñaba como quien tiene autoridad". Él le enseñó a ambos, a Sus discípulos y las multitudes (la gente se asombraba de Su enseñanza). Si la respuesta no fuera encontrada en el sermón, aún así no adivinaríamos. Tendríamos que buscar una vista más amplia, la cual es el tema del siguiente punto.

4. Considere el versículo en el consejo de la Palabra. Los siguientes pasos ayudan a formular posiciones doctrinales: 1) escriba su hipótesis; 2) compruébela a la luz de todos los pasajes relacionados (en ocasiones hasta cientos de pasajes); 3) lea cada

---

[172] Mateo 5:1–2.

versículo en su significado literal, *de acuerdo con el diccionario*; 4) estudie para asegurarse que conoce como están relacionados los pasajes; 5) si su hipótesis está en acuerdo con todos los versículos y no disiente con ninguno, puede entonces considerar que ha alcanzado (o se ha aproximado) a la verdad. Si existen diferencias, espere en oración delante del Señor hasta que pueda ajustar su doctrina para que cumpla con todos los pasajes.

Pero *¡debe leer cada pasaje por lo que dice, no lo que usted quiere que diga!* La mayoría de los errores comienzan aquí. Usualmente el error es cometido por ignorancia, pero si se enseña como verdad, dañara tanto al orador como al oyente(s).

5. Espere en oración delante del Señor para recibir Su claridad. Se nos ordena a "Estudiar para presentarnos a Dios aprobados, como obrero que no tiene nada de qué avergonzarse, que usa bien la palabra de verdad..."[173] y se nos recuerda que, "Dios nos lo ha revelado a nosotros por el Espíritu; porque el Espíritu todo lo escudriña, aún lo profundo de Dios. Porque ¿quién de los hombres sabe las cosas del hombre, sino el espíritu del hombre que está en él? Así tampoco nadie conoció las cosas de Dios, sino el Espíritu de Dios. Y nosotros no hemos recibido el espíritu del mundo, sino el Espíritu que proviene de Dios, para que sepamos lo que Dios nos ha concedido, lo cual también hablamos, no con palabras enseñadas por sabiduría humana, sino con las que enseña el Espíritu, acomodando lo espiritual a lo espiritual".[174] Nuestro camino es claro: debemos aplicarnos al estudio diligente y meditación de la Palabra y esperar delante del Espíritu a que nos revele la verdad de Dios.

Fuera de la Escritura, existen materiales de ayuda. Estos pueden respaldar con oración la Palabra pero no deben tomar su lugar. A menudo afirman lo que ya sabe que es verdad. Muchas veces podemos disfrutar de perlas a la luz de eruditos como W.E. Vine y Kenneth S. Wuest quienes nos han ayudado tanto en este libro.

---

[173] 2 Timoteo 2:15.

[174] 1 Corintios 2:10–16.

Materiales de Referencia—Existen numerosas herramientas de estudio provistas por eruditos justos que han pasado muchos años estudiando la Palabra en sus idiomas originales. Disponibles a través de copias impresas o por software de computadora, existen muchas traducciones Bíblicas, concordancias, diccionarios expositores de palabras del Antiguo y Nuevo Testamento, diccionarios de etimología griega y hebrea, estudios sobre palabras griegas, mapas de la Biblia, libros de historia o tradiciones de los tiempos Bíblicos y estudios especiales como el de Gordon D. Fee *La Presencia de Dios que Reviste de Poder.* Fee estudia los textos en griego de todas las referencias sobre el Espíritu Santo en las epístolas de Pablo; él hace posible que aquellos de nosotros que no sabemos griego podamos entender las palabras casi como si supiéramos el idioma nativo. Es una herramienta beneficial.

Encontramos ayuda en tales recursos, pero recuerde: están escritos por hombres y ninguno clama autoridad divina. Cada uno tiene sus propias preferencias que oscurecen sus doctrinas en ciertos grados, algunos severamente. Aún así, muchos proveen instrumentos de ayuda útiles con buenas intenciones. Pero el Señor no nos dijo que meditáramos en el trabajo del hombre. El dijo,

> Nunca se apartará de tu boca este Libro de la Ley, sino que de día y de noche meditarás en él para que guardes y hagas conforme a todo lo que en él está escrito; porque entonces harás prosperar tu camino y todo te saldrá bien... ¿Cómo podrá el joven limpiar su camino? Con guardar tu palabra. En mi corazón he guardado tu palabra para no pecar contra ti...[175]"

Aplicación de los Principios de Estudio Bíblico

Aquí vemos lo que debemos de hacer y no hacer. Con un poco de traslape, usamos los dones espirituales para la enseñanza. Lo hacemos parcialmente para reforzar nuestro conocimiento y parcialmente como una plataforma para rechazar falsas doctrinas. Un pasaje en 1 Corintios 12 describe las manifestaciones del Espíritu y habla acerca del que las da, él que las recibe y porque. Los dones se originan con el Señor, no con Pablo y no con los Corintios. El Espíritu los da porque unifican al Cuerpo y proveen acceso al mundo espiritual, sin ellos estamos ciegos. Pablo dice que vendrá un tiempo

---

[175] Josué 1:8; Salmos 119:9, 11, 97–105.

cuando ya no necesitemos los dones, pero hasta ese entonces, los necesitamos. Debemos anhelarlos para el bien de la iglesia y de nosotros mismos.

Pablo estresa la enorme importancia del amor.[176] Debemos buscarlo por sobre todas las cosas. Esto hace nuestro estudio del Espíritu Santo aún más emocionante porque el amor ágape es el fruto del Espíritu, no de nuestros poderes naturales. El amor aumenta la importancia de caminar en el Espíritu. Pablo dijo que debemos tener los dones del Espíritu, gobernados por amor, hasta que veamos a Jesús cara-a-cara.

El capítulo 14 clarifica el uso de los dones. Pablo enseña que mientras es vital el edificarse a uno mismo en el Espíritu (deseando que todos hablasen en lenguas; celebrando que él hablaba en lenguas más que los Corintios; diciendo que el alegremente ora y canta en lenguas), es aún más importante edificar a la iglesia. Así, él enseña el orden y el uso de los dones. Es claro: Pablo espera que los dones continúen hasta que regrese el Señor por los suyos.

Con este panorama y nuestros cinco axiomas en mente, veamos como estudiar la Escritura.[177]

Lo Que Debemos de Hacer

"Anhelar los dones espirituales".[178] (Se nos ordena dos veces hacer esto.[179] Yo entiendo estas palabras, ¿usted las entiende? Debemos procurar los dones con sinceridad y no detenernos hasta tenerlos. Así estará seguro que permanecerá en el Espíritu y *estará listo* para compartir sus dones cuando sean necesitados por el Cuerpo. Esto es claramente lo que el pasaje dice, y por lo tanto, lo que debemos de hacer. No es tan complicado).

"El que habla en lenguas no le habla a los hombres sino a Dios… en el espíritu, él habla misterios". (Hablamos misterios con Dios que solo Él entiende. Nos es dado el derecho de hablarle en la gloriosa

---

[176]   1 Corintios 13:1–13.
[177]   Usando textos de 1 Corintios 14.
[178]   QuickVerse, 1 Corintios 14:1, G2206.
[179]   1 Corintios 12:31; 14:1.

forma que Él ha provisto. Esto es tan claro como lo puede ser. No permita que nadie le diga otra cosa).

"El que habla en lenguas se edifica a si mismo..." (Hablando en lenguas nos edificamos a nosotros mismos. En la obediencia, podemos ser llenos del Espíritu y caminar en Él, vencer a la carne, agradar a Dios y llevar fruto espiritual en nuestras vidas con el cual ministrar a otros. Esta es *la forma de edificarnos en el Espíritu*. Es lo que la Palabra dice. Debemos entender y obedecer. Por eso estudiamos la Biblia).

"Desearía que todos hablaran en lenguas". (Pablo deseaba que *todos* los creyentes hablaran en lenguas. Eso nos incluye. Si alguno no lo hace, ¿por qué no? Unámonos al programa de Dios).

"Por lo cual, el que habla en lengua extraña, pida en oración poder interpretarla. Porque si yo oro en lengua desconocida, mi espíritu ora, pero mi entendimiento queda sin fruto". (Orar en lenguas es orar en el espíritu. Las lenguas no son tonterías sin sentido como algunos enseñan. Cuando son habladas a los hombres, deben ser interpretadas por el don del Espíritu. Cuando son habladas a Dios, Él las interpreta por sí mismo; Él no necesita interprete).

"¿Cual pues es la conclusión? Oraré con el espíritu, pero oraré también con el entendimiento; cantare con el espíritu, pero cantare también con el entendimiento". (Para Pablo, el orar y cantar en lenguas es lo mismo que el orar y cantar en el espíritu. El dijo, "Cantare y oraré en el entendimiento y cantare y oraré en lenguas". Si es cierto para Pablo, también debe ser cierto para nosotros).

"Porque si bendices sólo con el espíritu, el que ocupa lugar de simple oyente, "¿cómo dirá Amén a tu acción de gracias? Pues no sabe lo que has dicho". (El lo dice otra vez: orar en el espíritu es orar en lenguas. El oyente no puede decir *amén* a su acción de gracias a menos que sea interpretada. Esto es lo que el versículo significa, no otra cosa).

"Le doy gracias a mi Dios que hablo en lenguas más que todos vosotros..." (Pablo le agradeció a Dios que él hablaba en lenguas

más que todos: ¿Por qué? Él sabía que tan crucial era el hablar [y cantar] en lenguas para tener una vida espiritual robusta—una vida que el mismo vivía y una vida que él anhelaba ver en la Iglesia).

"Así que, hermanos, procurad profetizar, y no impidáis el hablar lenguas"[180] (El comentario final de Pablo: "No prohíban el hablar en lenguas". ¡Eso lo dice todo!)

¿No es esto glorioso, franco y fácil de entender? Debemos procurar obedecer. No permita que hombres con agendas privadas confundan estas sencillas instrucciones. Debemos obedecer la Palabra así como el Espíritu nos la hace clara.

Lo Que Debemos Evitar

Algunos van a grandes extremos para negar estos simples versículos. Su error puede estar plantado en una indisposición de cambiar doctrinas personales para obedecer a la Palabra más estrechamente. Sin embargo, ellos tratan de torcer la Escritura para sus propios propósitos. Falsos maestros siempre han existido. Pablo les advirtió a los Gálatas sobre los que predican un evangelio diferente al que ellos recibieron:

> Estoy maravillado de que tan pronto os hayáis alejado del que os llamó por la gracia de Cristo, para seguir un evangelio diferente. No que haya otro, sino que hay algunos que os perturban y quieren pervertir el evangelio de Cristo. Más si aún nosotros, o un ángel del cielo, os anunciaren otro evangelio diferente del que os hemos anunciado, sea anatema.[181] Como antes hemos dicho, también ahora lo repito: Si alguno os predica diferente evangelio del que habéis recibido, sea anatema.[182]

---

[180]   1 Corintios 14:1-35, 39 selecto.
[181]   *The Hebrew-Greek Key Word Study Bible*, Editor Spiros Zodhiates, G331, *anatema*, p. 1688.
[182]   Gálatas 1:6–9.

Su destino es terrible pero aún así persisten. Considere el siguiente infame ejemplo:

> Al día siguiente, que es después de la preparación, se reunieron los principales sacerdotes y los fariseos ante Pilato, diciendo: Señor, nos acordamos que aquel engañador dijo, viviendo aún: Después de tres días resucitaré. Manda, pues, que se asegure el sepulcro hasta el tercer día, no sea que vengan sus discípulos de noche, y lo hurten, y digan al pueblo: Resucitó de entre los muertos. Y será el postrer error peor que el primero. Y Pilato les dijo: Ahí tenéis una guardia; id, aseguradlo como sabéis. Entonces ellos fueron y aseguraron el sepulcro, sellando la piedra y poniendo la guardia. Pasado el día de reposo, al amanecer del primer día de la semana, vinieron María Magdalena y la otra María, a ver el sepulcro. Y hubo un gran terremoto; porque un ángel del Señor, descendiendo del cielo y llegando, removió la piedra, y se sentó sobre ella. Su aspecto era como un relámpago, y su vestido blanco como la nieve. Y de miedo de él los guardas temblaron y se quedaron como muertos.

> Mas el ángel, respondiendo, dijo a las mujeres: No temáis vosotras; porque yo sé que buscáis a Jesús, el que fue crucificado. No está aquí, pues ha resucitado, como dijo. Venid, ved el lugar donde fue puesto el Señor. E id pronto y decid a sus discípulos que ha resucitado de los muertos, y he aquí va delante de vosotros a Galilea; allí le veréis. He aquí, os lo he dicho. Entonces ellas, saliendo del sepulcro con temor y gran gozo, fueron corriendo a dar las nuevas a sus discípulos. Y mientras iban a dar las nuevas a los discípulos, he aquí, Jesús les salió al encuentro, diciendo: ¡Salve! Y ellas, acercándose, abrazaron sus pies, y le adoraron. Entonces Jesús les dijo: No temáis; id, dad las nuevas a mis hermanos, para que vayan a Galilea, y allí me verán.

> Mientras ellas iban, he aquí unos de la guardia fueron a la ciudad, y dieron aviso a los principales sacerdotes de todas las cosas que habían acontecido. Y reunidos con los ancianos, y habido consejo, dieron mucho dinero a los soldados, diciendo: Decid vosotros: Sus discípulos vinieron de noche, y lo hurtaron, estando nosotros dormidos. Y si esto lo oyere el gobernador, nosotros le persuadiremos, y os pondremos a salvo. Y ellos, tomando el dinero,

hicieron como se les había instruido. Este dicho se ha divulgado entre los judíos hasta el día de hoy.[183]

¿Puede imaginarlo? En su odio, ellos sobornaron a los guardias para mentir en vez de inclinarse delante del Dios que ellos supuestamente amaban y servían. Su reputación fue más importante que admitir—*aún cuando Jesús regreso de la tumba*—que Él era Dios. Si tales hombres (líderes religiosos importantes que, en su propio pensamiento, estaban dedicados a la práctica de la *obediencia de la Escritura* hasta el último signo de puntuación) pueden ser dirigidos por sus propias agendas, entonces igualmente cualquier otro hombre. Debemos de ser alertas; debemos seguir consistentemente las estipulaciones verdaderas mientras estudiamos la Palabra de Dios.

El Señor nos dio todo lo que necesitamos para ser hijos de Dios, pero es nuestra responsabilidad el ser y estar llenos.[184] Un componente crítico es el hablar en lenguas. De acuerdo con Pablo, mientras más lo hagamos, mejor; eso es el que él hizo. Y aún así, los *falsos maestros* niegan esta clara enseñanza.[185] No permita ser influenciado por ellos, no importa que tan fuertes sean sus voces, cuánto tiempo hablen o cuántos libros escriban. Debemos estudiar, entender y obedecer la Palabra sin importar lo que otros digan o hagan.

El capítulo 12, "La Fusión de Maldad" y en la situación 2, "La Voz del Enemigo", se expone parte del error de estos falsos maestros.

---

[183] Mateo 27:62–28:15.

[184] El hecho que esto es reconocido por importantes líderes Cristianos se muestra en el capítulo 12.

[185] Su insensatez es demostrada en el capítulo 12, situación 2, "La Voz del Enemigo".

PARTE ⅈⅈⅈ

La Locura de la Carne y el Diablo

Los elementos de poder de Dios nos permiten triunfar hasta la vida eterna. Tenemos victoria sobre el diablo en el Espíritu Santo, revestidos de poder por Sus dones y fruto y protegidos por la armadura de Dios.

> Por lo demás, hermanos míos, fortaleceos en el Señor, y en el poder de su fuerza. Vestíos de toda la armadura de Dios, para que podáis estar firmes contra las asechanzas del diablo. Porque no tenemos lucha contra sangre y carne, sino contra principados, contra potestades, contra los gobernadores de las tinieblas de este siglo, contra huestes espirituales de maldad en las regiones celestes. Por tanto, tomad toda la armadura de Dios, para que podáis resistir en el día malo, y habiendo acabado todo, estar firmes.[186]

Pero la carne y el diablo han socavado la verdad y han fomentado la confusión dentro de la iglesia. En el capítulo 12, veremos cuatro situaciones que resaltan su engaño.

---

[186] 1 Juan 4:4; Efesios 6:10–13; Santiago 4:11; 1 Pedro 5:8–9.

La Fusión de Maldad

Situación 1. Lamentaciones

UNA DOCTRINA CON algún respaldo bíblico dice que todos los creyentes son bautizados por Jesús con el Espíritu Santo dentro del Cuerpo de Cristo y así son sellados con el Espíritu. La secuencia es, "si confesares con tu boca que Jesús es el Señor y creyeres con todo tu corazón que Dios le levantó de entre los muertos, serás salvo".[187] Y no solo salvo, pero también, "Habiendo oído la palabra de verdad, el evangelio de vuestra salvación y habiendo creído en Él, fuisteis sellados con el Espíritu Santo de la promesa, que es las arras de nuestra herencia hasta la redención de la posesión adquirida para alabanza de Su gloria"[188] porque Jesús es el que bautiza "con el Espíritu Santo".[189] "Porque así como el cuerpo es uno y tiene muchos miembros, pero todos los miembros del cuerpo, siendo muchos, son un solo cuerpo, así también Cristo. Porque por un solo Espíritu fuimos todos bautizados en un cuerpo, sean judíos o griegos, sean esclavos o libres, y a todos se nos dio beber de un mismo Espíritu".[190]

---

[187] Romanos 10:9–10.

[188] Efesios 1:13–14.

[189] Juan 1:29–34.

[190] 1 Corintios 12:12–13.

Si esto es precisamente así,[191] ¡entonces es un glorioso comienzo! Y no es ninguna sorpresa que el *primer amor* por Jesús es tan real. Es en el mismo Espíritu de Dios que experimentamos el primer amor. Pero no solo debemos ser bautizados con el Espíritu, demos permanecer *llenos*...[192] ¿Qué podría ser mejor? El estar llenos del Espíritu es ser guiados y caminar en el Espíritu, es tomar parte del poder el siglo por venir, es vencer a la carne y llevar mucho fruto, es agradar a Dios y el ganar la maravillosa promesa de los vencedores.

Sin embargo, para la mayoría de creyentes, esta gloriosa vida simplemente no ocurre. Líderes Cristianos (de ambos lados del debate Pentecostal) lamentan que solo unas pocas iglesias o solo unos individuos están llenos con el gozo y poder del Espíritu. Kenneth S. Wuest, autor y profesor por largo tiempo del Nuevo Testamento Griego en el Instituto Bíblico Moody, lamentó:

> La posición de estos Cristianos Gálatas es la posición de aquellos hijos de Dios [hoy en día] que no están familiarizados con la enseñanza acerca de la persona y el trabajo del Espíritu Santo. Ellos son como los conversos de Juan el Bautista que cuando fueron confrontados por la pregunta de Pablo, "¿Recibisteis al Espíritu cuando creíste? y respondieron "No hemos siquiera oído que hay un Espíritu Santo".

> Esta [deficiencia] es la explicación del hecho que hay tan poca belleza del Señor Jesús en las vidas de tantos Cristianos sinceros. Ellos hacen su mejor esfuerzo para vivir una buena vida cristiana pero sus propias fuerzas no son iguales a las necesitadas para la tarea. El Espíritu Santo hace todo lo que Él puede por ellos. Sus vidas ciertamente son mejores de lo que eran antes de ser salvos. Ha habido un cambio de dirección de 180 grados. Existe una cierta cantidad de victoria sobre el pecado. Disfrutan las cosas de Dios.

---

[191] Varios versículos son excluidos por esta doctrina. Los pasajes omitidos sobresaltan las manifestaciones del Espíritu. Sin importar cuál sea la posición más correcta, sigue siendo nuestra responsabilidad el ser y permanecer llenos con el Espíritu. Esto requiere una iniciativa continua, no importando si el comienzo es o no el hablar en lenguas junto con el resto de los dones del Espíritu.

[192] Efesios 5:18–19.

Pero concerniente a que sus vidas irradien al Señor Jesús, hay muy poco de eso…

Los gálatas cayeron de ese estado de dependencia en el Espíritu Santo. Pero la mayoría de los Cristianos ni siquiera han estado en ese estado y por lo tanto no han caído de él; pero a causa de la ignorancia de esta enseñanza, no son receptores de Su obra. Hubiera sido bueno si el que les presento al Salvador también les hubiera presentado al Espíritu Santo. Pero lamentablemente, el ganador de almas mismo no está en posesión de la enseñanza de y la experiencia en la ministración del Espíritu al santo.[193]

Que tan terrible es el vacio de nuestras vidas fuera de la llenura del Espíritu; cuán poderoso es el peso del testimonio de un maestro como Wuest.

John R. W. Stott, amado líder honorario de la iglesia All Souls Church en Londres, ministro Anglicano y reconocido líder del movimiento evangélico mundial, nombrado como una de las cien personas de más influencia en el mundo por la revista *Time* en 2005,[194] tuvo esto que decir:

La mejor manera de comenzar es expresando la importancia de nuestro tema confesando nuestra necesidad del poder del Espíritu Santo el día de hoy. Estamos avergonzados por la mundanalidad general de la Iglesia y preocupados por su debilidad y su constantemente decreciente influencia en el país. Más aún, muchos de nosotros estamos oprimidos por nuestras propias fallas personales en la vida cristiana y el ministerio Cristiano. Estamos consientes que caemos cortos de la experiencia de iglesia primitiva de las claras promesas de Dios en Su Palabra. Estamos verdaderamente agradecidos de lo que Dios ha hecho y está haciendo y no queremos denigrar Su gracia minimizándola. Pero tenemos hambre y sed de más. Anhelamos "avivamiento", una

---

[193] Kenneth S. Wuest, *Word Studies in the Greek New Testament, Volume III, Untranslatable Riches,* (Grand Rapids, MI: Wm. B. Eerdmans Publishing Company, 1973), 77–8.

[194] Billy Graham, The 2005 TIME 100, Las Vidas e Ideas de la Gente con más Influencia del Mundo, John R. W. Stott, TIME Magazine, 2005, June.

visitación sobrenatural del Espíritu Santo en la Iglesia y una más profunda, más rica y completa experiencia del Espíritu Santo en nuestras vidas personales.[195]

Aún mientras estos hombres lamentan el estado de empobrecimiento, la iglesia falla. Por años hemos necesitado al Espíritu para llenar el vacío dentro de los corazones de los creyentes. Pero muchos *líderes* han negado la Palabra y rechazado la revelación de la Escritura sobre cómo ser llenos con el Espíritu. En hacerlo, ellos niegan la ministración del Espíritu y cumplen la profecía de Pablo:

Teniendo una forma de piedad pero negando su poder.[196]

¡La severidad de su error no puede ser sobre enfatizada! Ellos ven la necesidad de tener al Espíritu pero se rebelan contra la provisión de Dios. ¿Por qué? ¡Ellos no quieren ni pueden hablar en lenguas; tampoco buscan los dones espirituales! Ellos rechazan esta clara doctrina Bíblica, no solo en un nivel personal, pero también con aquellos a quienes enseñan. Estos hombres son seriamente responsables por tal rebeldía.

¡Su juicio será lamento sobre lamento!

Situación 2. La Voz del Enemigo

Para exponer la *voz del enemigo,* una vez más usaremos un dialogo hipotético. Ya hemos previamente conocido al primer orador, E. El segundo, D, es nuevo. En realidad, D es la mezcla compuesta de falsas enseñanzas, pero como verán, su error es una voz para el enemigo. El nombre, D, que podría representar a *diablo,* en realidad representa *decepción.* Usted verá el porqué mientras el dialogo avanza, D atesora mas sus opiniones que la verdad. En su

---

[195] John R.W. Stott, *Baptism and Fullness of the Holy Spirit* (Great Brittan: IVCF, 1964) 3.

[196] 2 Timoteo 3:5.

determinación por ser visto como un gran maestro de la Biblia, él contradice sus propios dichos del estudio de la Palabra. También podrá ver cuando él se desvía de la verdad y aún podría hasta sentir lástima de él; estando enredado en el pecado, avanzando rápidamente hacia una maldición eterna, arriesgando su misma alma en su blasfema y extrema enseñanza. Pero lastima no debe tener de él. Recuerde, hombres como D guían a muchos hacia la destrucción y el cumplimiento de la palabra profética, "Mi pueblo es destruido por falta de conocimiento".[197] En vez de tener lastima de él, debemos darnos cuenta que Pablo pronuncio una terrible maldición sobre aquellos que trataron de imponerles a los gálatas un evangelio otro del que ellos habían recibido:

> Estoy maravillado de que tan pronto os hayáis alejado del que os llamo por la gracia de Cristo, para seguir un evangelio diferente. No que haya otro, sino que hay algunos que os perturban y quieren pervertir el evangelio de Cristo. Más si aún nosotros, o un ángel del cielo, os anunciare otro evangelio diferente del que os hemos anunciado, sea anatema. Como antes hemos dicho, también ahora lo repito: Si alguno os predica diferente evangelio del que habéis recibido, sea anatema [maldito, entregado a condenación divina[198]].[199]

Decepcionar o engañar a los hijos de Dios concerniente a Su Palabra es increíblemente serio. Hemos visto el infamo ejemplo del sumo sacerdote y los fariseos sobornando a los guardias para que mintieran sobre la resurrección. Si tales hombres pueden ser cegados, entonces igualmente el hombre *hipotético* que llamaremos D. Debemos tener cuidado; debemos seguir las estipulaciones verdaderas todo el tiempo. La religión no es un juego.

Escuchemos a dos que dicen ser maestros de la Palabra.

Un Dialogo

> **E:** D, se nos ha pedido que discutamos *el poder de ser hechos hijos de Dios* que el Señor Jesús les ha dado a aquellos que creen en Él.

---

[197] Oseas 4:6.

[198] Referencia en Zodhiates, maldito, 1688.

[199] Gálatas 1:6–9.

D: Adelante, comencemos. Un versículo clave sería, "Mas a todos los que le recibieron, a los que creen en su nombre, les dio potestad de ser hechos hijos de Dios..."[200] [Luego como comentario aparte añadió] Bueno, ya que eres Pentecostés, más vale poner esto en la mesa. El poder que Jesús da en la conversión incluye el sellar a todos los creyentes con el Espíritu Santo de la promesa. "Si confesares con tu boca que Jesús es el Señor y creyeres en tu corazón que Dios le levanto de entre los muertos serás salvo... Y si alguno no tiene el Espíritu de Cristo, no es de Él..."[201] Permíteme ser claro, esto dice que eres salvo si crees. Y si eres salvo, estas sellado con el Espíritu Santo; por consecuente, todos los creyentes tienen al Espíritu Santo. ¿Estás de acuerdo?

E: Esa interpretación al menos se deriva de la Escritura pero dudo que la puedas probar contundentemente. Considera el siguiente pasaje:

> Pero cuando creyeron a Felipe, que anunciaba el evangelio del reino de Dios y el nombre de Jesucristo, se bautizaban hombres y mujeres... Cuando los apóstoles que estaban en Jerusalén oyeron que Samaria había recibido la palabra de Dios, enviaron allá a Pedro y a Juan; los cuales, habiendo venido, oraron por ellos para que recibiesen el Espíritu Santo; porque aún no había descendido sobre ninguno de ello, sino que solamente habían sido bautizados en el nombre de Jesús. Entonces les imponían las manos, y recibían al Espíritu Santo.[202]

Ese pasaje esta en conflicto con lo que tú dices porque ellos no recibieron al Espíritu Santo cuando creyeron por primera vez. Tampoco los doce discípulos en Hechos 19.

> Aconteció que entre tanto que Apolos estaba en Corinto, Pablo, después de recorrer las regiones

---

[200] Juan 1:12.

[201] Efesios 1:13; Romanos 8:9; 10:9.

[202] Hechos 8:12, 14–17.

superiores, vino a Éfeso, y hallando a ciertos discípulos,
les dijo: ¿Recibisteis el Espíritu Santo cuando creísteis?
Y ellos le dieron: Ni siquiera hemos oído si hay Espíritu
Santo. Entonces dijo: ¿En qué, pues, fuisteis bautizados?
Ellos dijeron: En el bautismo de Juan. Dijo Pablo: Juan
bautizo con bautismo de arrepentimiento, diciendo
al pueblo que creyesen en aquel que vendría después
de él, esto es, en Jesús el Cristo. Cuando oyeron esto,
fueron bautizados en el nombre de Jesús. Y habiéndoles
impuesto Pablo las manos, vino sobre ellos el Espíritu
Santo; y hablaban en lenguas y profetizaban. Eran por
todos unos doce hombres.[203]

Cuando Pablo los encontró, ellos ya eran creyentes, pero debido a
su conocimiento incompleto, ellos no habían sido bautizados en el
nombre del Señor Jesús y no habían recibido al Espíritu. Así que
ellos fueron bautizados en el nombre de Jesús. ¡Pero espera! Aún
después de ser bautizados, ellos no tenían al Espíritu Santo. Fue
solo cuando Pablo impuso sus manos sobre los doce que el Espíritu
vino sobre ellos y hablaron en lenguas y profetizaron. ¡Después de
esto no quedo duda! Todos sabían que tenían al Espíritu porque
hablan en lenguas y profetizaban. Tampoco hubo duda sobre los
judíos en el pentecostés o los gentiles en la casa de Cornelio.

D: [D interrumpe] E, tú sabes que cada uno de esos ejemplos
se puede descartar con una explicación rápida. [Y aunque él no
se dé cuenta de la triste verdad de lo que está diciendo, ese es
precisamente el problema. Todo lo que la Palabra dice que no
encaja con su doctrina, él lo trata de *descartar con una explicación
rápida*].

E: Lo único que estoy diciendo es que tu posición no considera a
ninguno de estos otros pasajes y deberías ver que es un camino muy
peligroso el construir tu propia doctrina basado solo en unos pocos
versículos e ignorando lo que no parezca respaldar tu conclusión.

---

[203] Hechos 19:1–7.

Pero no quiero debatir sobre esto, en lo personal no estoy muy seguro del grado de poder inicial que es dado a alguien cuando cree por primera vez. Sin embargo, hay muchas exhortaciones subsecuentes sobre las cuales debemos caminar y permanecer en la plenitud de las manifestaciones del Espíritu.

En vez de debatir, quisiera hacer dos observaciones sobre lo que dijiste: 1) el versículo dice que Jesús les dio poder para *ser hechos*, pero Él no los transformó. Ellos tuvieron trabajo por hacer para *ser hechos* hijos de Dios y ahora tenían el poder para hacerlo; 2) tu afirmación acerca que todos los creyentes tienen al Espíritu no ofrece ninguna explicación sobre la razón de la cual la vida de la iglesia en los días del NT era mucho más substancial que nuestra iglesia anémica contemporánea.

Y D, esto no es solo mi opinión. John Stott y Kenneth Wuest, todos reconocidos teólogos no pentecostales de la edad moderna lamentaron la preocupación de la falta de poder y gracia en la vida de la iglesia.[204]

D: Yo sé de Wuest y Stott. Son grandes hombres. Pero no nos desviemos del punto: la iglesia de hoy tiene todo lo que la iglesia del NT tenía, con la excepción que las señales y las maravillas ya no son necesarias para proclamar el evangelio. Estas desaparecieron cuando termino la edad apostólica y esto incluye a los dones del Espíritu, especialmente el controversial hablar en lenguas. La *profecía* y el *amor* son las únicas cosas que quedan y W, yo creo que aún tú te das cuenta que profetizar significa predicar que es lo que yo y otros pastores hacemos en la iglesia todo el tiempo.

E: No estoy de acuerdo contigo que predicar se acerca siquiera un poquito con el significado bíblico de la palabra *profetizando*. Te mostrare la diferencia en un minuto, pero primero, note que tu dijiste que la iglesia moderna tiene todo lo que la iglesia del NT tenía y no hiciste ningún comentario sobre la falta de amor por Jesús y por la iglesia; la santificación; la vida santa; el gozo; paz;

---

[204] Vea la situación 1 de este capítulo.

templanza; poder; etc. Permíteme reiterarte lo que Kenneth Wuest dijo,

> La ausencia del Espíritu Santo en la vida de la iglesia es la explicación al hecho que hay tan poca belleza del Señor Jesús en las vidas de los creyentes serios. Ellos hacen su mejor esfuerzo para vivir una buena vida Cristiana pero sus propias fuerzas no son iguales al necesitado para la tarea. El Espíritu Santo hace todo lo que Él puede por ellos. Sus vidas ciertamente son mejores de lo que eran antes de ser salvos. Ha habido un cambio de dirección de 180 grados. Existe una cierta cantidad de victoria sobre el pecado. Disfrutan las cosas de Dios. Pero concerniente a que sus vidas irradien al Señor Jesús, hay muy poco de eso... [205]

No hay mejor forma de decirlo. Wuest estaba gravemente preocupado acerca de la falta del Espíritu en la Iglesia. Pero no parece molestarte en lo absoluto.

D: Mucho más se le atribuye a estas tonterías *carismáticas* de lo que es necesario. Tu sabes que todo eso de sacudimientos demoniacos, balbuceos y palabras sin sentido (supuestamente lenguas de Dios) que sale en los programas de televisión para entretener y para show es todo un error y desacredita la fe. Son una abominación y lo sabes.

W: Acerca de eso, estoy de acuerdo. Esas cosas están mal. Nacen de la carne del hombre y son inspiradas y controladas a menudo por el diablo. Estoy de acuerdo con eso. Pero tú no comentaste sobre la falta de profundidad espiritual dentro de la iglesia.

Y como comentario aparte, ¿te has preguntado porque suceden esas cosas entre la gente, muchas de las cuales, si hablaras con ellos te convencerían que aman y quieren agradarle al Señor?

---

[205] Wuest, 77–78.

D: Supongo que no. Yo desprecio a esas farsas, yo se que son falsas y las expongo donde sea que las veo.

E: Bueno, yo lo he considerado y pienso que hay dos razones sobre lo que está sucediendo aquí. Las pondré en orden invertido:

1) Pienso que esas exhibiciones reflejan un sincero pero ignorante e incorrectamente dirigido deseo de muchos que se involucran por tener más del Señor de lo que pueden encontrar. Esta gente sabe que Él es real y quieren entrar a Su presencia. Necesitan enseñanza clara acerca de cómo hacer lo que ellos quieren hacer. No necesitan ser reprendidos. Pero la *enseñanza* que reciben está llena de error.

2) Estas actuaciones en la televisión (es lo que son) son inspiradas por Satanás que es un mentiroso y el padre de la mentira. Pablo tenia lo siguiente que decir acerca de tales obreros como estos: "Porque esos son falsos apóstoles, obreros fraudulentos, que se disfrazan como apóstoles de Cristo. Y no es maravilla, porque el mismo Satanás se disfraza como ángel de luz. Así que, no es extraño si también sus ministros se disfrazan como ministros de justicia; cuyo fin será conforme a sus obras".[206]

Satanás trata de desacreditar la actividad genuina del Espíritu porque el teme su poder. Sus mentiras son efectivas, muchos tratan de apartarse de las manifestaciones del Espíritu Santo por causa de él y usando un modismo, *tiran al bebe junto con el agua de la tina.* Las maquinaciones del diablo no cambian nada. Los elementos de poder de Dios son tan importantes hoy como lo fueron en el NT. Debemos buscarlos con mayor tenacidad de lo que el diablo exhibe en contra de ellos. No podemos permitir que nada interrumpa los dones del Espíritu.

E: [E hace una pausa y D no responde, así que él continúa] Pienso que deberíamos mover nuestra conversación de generalidades y ver directamente la Palabra y de allí considerar algunos temas vitales, ¿está bien?

---

[206] 2 Corintios 11:12–15.

D: Quisiera ir a lo especifico. ¿Gustas sugerir un punto de partida?

E: Pienso que estamos de acuerdo que la escritura dice lo que quiere decir y quiere decir lo que dice, ¿correcto?

D: Si, lo creo.

E: Entonces, cuando la biblia dice, *"Sed llenos del Espíritu, hablando para ustedes mismos con salmos y con himnos y canciones espirituales, cantando y haciendo una melodía en sus corazones para Dios..."* y *"caminad en el Espíritu..."*[207] estamos de acuerdo que es un mandamiento a seguir, ¿correcto?

D: Si... [él lo dice con cierta indecisión y se pregunta hacia dónde va la conversación]

E: La siguiente pregunta es consecuentemente obvia: ¿Cómo debemos llenarnos del Espíritu? ¿Qué piensas?

D: Bueno, como dije, los creyentes ya tienen al Espíritu Santo, aunque admito que parece que Él es más visible en las vidas de unos que de otros. Lo que tenemos que hacer es amar al Señor, ir a la iglesia regularmente, dar los diezmos, estudiar la Palabra, ser amables con otros y en general, vivir buenas vidas. Cuando hagamos hecho estas cosas y cuando oremos y confesemos nuestros pecados conforme ocurran, podemos agradarle a Dios y Él se asegurará que estemos llenos de Su Espíritu.

E: Permíteme cerciorarme que te entendí. Esencialmente lo que estás diciendo es que seremos llenos con el Espíritu de Dios si tratamos de ser buenos cristianos, ¿correcto?

D: Si, es correcto. ¿Pero porque pienso que eso no es suficiente para ti?

---

[207] Efesios 5:18–19; Gálatas 5:16–17.

E: Yo estaba buscando oír lo que la Palabra dice. Déjame ahora yo contestar la pregunta y tu puedes comentar sobre ella, ¿está bien?

D: Si, siempre y cuando yo tenga el mismo tiempo para hablar.

E: Usualmente la respuesta se encuentra donde el mandamiento es dado, es decir, en su contexto. Y ese es el caso aquí: "Ser llenos del Espíritu, hablando para ustedes mismos con salmos y con himnos y canciones espirituales, cantando y haciendo una melodía en sus corazones para Dios". No solo vemos el mandamiento de ser llenos con el Espíritu pero también nos dice como ser llenos: cantando y haciendo una melodía en nuestros corazones. Debemos usar salmos, himnos y canciones espirituales para abrirle nuestros corazones al Espíritu Santo.

Ser llenos no se trata de las buenas obras del hombre, sin importar que tan bien intencionadas sean, ya que "toda nuestra propia justicia es como trapos inmundos".[208] El fruto del Espíritu es manifiesto a través de nosotros cuando somos llenos de Su presencia. El punto de partida empieza con Jesús. Él bautiza con el Espíritu, nosotros no podemos hacer esto por nuestra propia cuenta. Pero Él nos ha dado todo lo que necesitamos para ser llenos. Debemos obedecer la Palabra y ejercitar nuestra fe, cantando canciones e himnos con el entendimiento y en lenguas, exactamente como la Palabra lo dice en las epístolas de Efesios, Corintios y Colosenses.

D: [D interrumpe con fuerte voz] *¿Qué? ¡No puedes decirme que piensas que* canciones espirituales *significa cantar en lenguas! ¡Jamás escuche semejante cosa! ¡Las lenguas murieron con los apóstoles! Todos saben eso.*

E: Pablo dijo, "Por lo cual, el que habla en lengua extraña, pida en oración poder interpretarla. Porque si yo oro en lengua desconocida, mi espíritu ora, pero mi entendimiento queda sin fruto. ¿Qué concluimos? Oraré con el espíritu, pero oraré también con el entendimiento; cantaré con el espíritu pero cantare también

---

[208] Isaías 64:6.

con el entendimiento".[209] La expresión "canciones espirituales" es idéntica en Efesios, 1 Corintios y Colosenses. Significa cantar en el Espíritu, lo cual Pablo dice que es cantar en lenguas. Su enseñanza es fácil de entender y claramente respaldada por excelentes eruditos del griego.[210]

D: [D esta agitado]. Eso es una tontería. Cualquier persona con una medida remota de sentido común sabe que las lenguas se han acabado, porque dice "y las lenguas cesaran".[211] Y dice también, "Porque el que habla en lenguas no habla a los hombres, sino a Dios; pues nadie le entiende, aunque por el Espíritu habla misterios..."[212] y esto no quiere decir que los Corintios estaban hablando con Dios. El hecho es que ellos estaban pronunciando frases sin sentido extasiadas y dirigidas a dioses paganos. Ellos no le estaban hablando a Dios en lo absoluto. Dios no necesita lenguas y ciertamente no disfruta que la gente le hable de esa manera. Si estudias la historia del paganismo en los tiempos del NT, entenderías estas cosas y no andarías esparciendo herejías tan difíciles de entender causando problemas en la iglesia.

---

[209] 1 Corintios 14:13–15.

[210] 1 Corintios 14:14–16; clarificado por Fee, 718, pie de página 189 y 653–54.

[211] 1 Corintios 13:8–10. D hace esta declaración fuera del contexto del pasaje: "Pero *si hay* profecías, se acabaran; si *hay* lenguas, terminaran; *si hay* conocimiento desaparecerá. Porque en parte conocemos y en parte profetizamos. *Mas cuando venga lo perfecto*, entonces lo que es en parte se acabará. Cuando lo que es perfecto venga ¡pero *no antes!* Él ignoró el hecho que si hubiera sido consistente en su interpretación, entonces las profecías también debieron de haber pasado y de igual manera el conocimiento. Pero de acuerdo con él, únicamente las lenguas cesaron. ¿Por qué solo las lenguas? Más adelante él dice que profetiza en su iglesia y ya que él lo hace, entonces solo eso permanece, ¿correcto? Oh, y algo mas, a D no le importó que la Palabra dice, "Todos vosotros podéis profetizar". De acuerdo con D, nadie profetiza en *su* iglesia salvo él mismo o alguien que él designó. Esto es muy diferente de lo que dice la Palabra. Como puede ver, esto suena exactamente como la doctrina Nicolaíta de donde nació.

[212] 1 Corintios 14:2.

E: [E piensa para sí mismo, recordando cuando Jesús reprendió a los fariseos: "Para juicio he venido yo a este mundo; para que los que no ven, vean, y los que ven, sean cegados. Entonces los fariseos que estaban con él, al oír esto, le dijeron: ¿Acaso nosotros somos también ciegos? Jesús les respondió: Si fuerais ciegos no tendríais pecado; mas ahora, porque decís: vemos, vuestro pecado permanece".[213]

D: [En el silencio de E, D continua] Las lenguas no tienen ningún propósito el día de hoy. Aún en los días del NT no eran usadas correctamente. Pablo lo dejo claro: la iglesia es más importante que el individuo pero aun así, los Corintios perdían su tiempo balbuceando en lenguas buscando la gloria propia en vez de edificar a la iglesia [él pausa y mira a W...]

E: ¿Has terminado? Si no, yo esperare como lo acordamos...

D: Tienes razón, lo siento. Eso me molestó, continua...

E: Has hecho varias afirmaciones con casi ningún respaldo bíblico. Cada una debe de ser verificada conforme a la Palabra. Es lo que acordamos.

D: Continua.

E: Quieres que las responda todas y luego tu puedes comentar o...

D: Habla rápido y después yo responderé. Esto está tomando más tiempo de lo que planee, me gustaría terminar.

E: Empezare con lo peor primero. Tu dijiste algo que espero no quieras decir en serio, ya que es irresponsable, traicionero y una herejía blasfema. Ignorando cientos de años de trabajo por dedicados traductores Bíblicos y equipos de traductores los cuales

---

[213] Juan 9:39–41.

no están en acuerdo contigo, tu dijiste muy descuidadamente que los Corintios "estaban balbuceando tonterías a dioses paganos".

D: [D se tambalea sobre la mesa. Él está acostumbrado a que lo veneren como un gran maestro de la Biblia y nunca lo habían sancionado tan duramente. El está furioso pero logra cubrir su boca con su mano antes de volver a interrumpir].

E: [E mira fijamente a D] Y fuiste más allá y dijiste que "no le estaban hablando a Dios en lo absoluto, que Él no necesita a las lenguas y que ciertamente no le gusta que le hablen de esa forma".

Parece que no estás siquiera tratando de entender el mensaje claro y obvio del versículo. Veámoslo otra vez a ver si esto no es cierto. "Porque el que habla en lenguas no habla a los hombres, sino a Dios; pues nadie le entiende, aunque por el Espíritu habla misterios".[214] Esto dice que el que habla en lenguas le habla a Dios—eso es lo que la Palabra dice. No significa balbucear a ídolos paganos. Y esta traducción no es el trabajo de algún misterioso traductor cuyos motivos solo podemos imaginarnos. Yo tengo como veinte diferentes traducciones que varían por cientos de años.[215] Todas traducen el versículo como hablar en *lenguas* a *Dios*. **Todas** desacuerdan contigo. No hay respaldo para lo que estás diciendo. Es como si hubieras cambiado el significado para que encaje con alguna idea tuya.

Además, tú dices que Dios no quiere que sus hijos le hablen de esa forma. ¿De dónde sacas esa opinión? La Palabra dice que él que habla en lenguas le habla misterios a Dios. Hasta donde sabemos,

---

[214] 1 Corintios 14:2–5.

[215] Incluyendo las versiones American Standard Version; Darby's New Translation; Douay-Rheims; English Standard Version; Geneva Bible; God's Word; Holman's Christian Bible; Internal Standard Version; King James Version; Modern Speech NT; New American Bible; New American Standard Version; New International Version; New Jerusalem Bible; New King James Version; New Revised Standard Version; Reina-Valera; Revised Standard Version; Wuest NT; and Young's Literal Translation.

podría ser que hay tiempos cuando solo Dios puede o debe interpretar las lenguas. No lo sé, pero puedo ver muchas buenas razones para tal privacidad, incluyendo la posibilidad que ni el diablo pueda entender. ¿Qué tan precioso es eso? Pero si esto no es verdad, ciertamente Dios entiende estos misterios del Espíritu. ¿Pero cómo puedes alcanzar tal conclusión? Mira la Palabra.

"Pero a cada uno le es dada la manifestación del Espíritu para provecho. Porque a éste es dada por el Espíritu palabra de sabiduría; a otro, palabra de ciencia según el mismo Espíritu; a otro, fe por el mismo Espíritu; y a otro, dones de sanidades por el mismo Espíritu. A otro, el hacer milagros; a otro, profecía; a otro, discernimiento de espíritus; a otro, diversos géneros de lenguas; y a otro, interpretación de lenguas. Pero todas estas cosas las hace uno y el mismo Espíritu, repartiendo a cada uno en particular como él quiere".[216] El don de lenguas es dado por el Espíritu Santo. ¿Cómo te atreves a decir que Dios no quiere que le hablen así?

Finalmente, tú completamente ignoraste mas de cien pasajes que dejan claro que las palabras *lengua* o *lenguas* siempre significan *comunicar*, a veces en misterios a Dios, pero siempre comunicar. *Nunca, ni una sola vez la Escritura dice que las lenguas significan frases sin sentido habladas a dioses paganos.* ¡Ni siquiera una! [E entiende porque Pablo maldijo a los zelotes legalistas que causaban problemas a los gálatas].[217]

D: [D azota la mesa con su Biblia, mira a W fijamente y sale abruptamente de la sala susurrándose cosas.]

Y así termina su discurso. Y queda resolver el desastre. Usted podría cansarse tratando de responder a esas insensateces, pero debemos tener cuidado de no dejar que falsas afirmaciones como las de D se queden sin respuesta, no sea que pudieran contaminar la fe de un nuevo creyente. Hombres como el hipotético D, que tienen reputación de ser grandes maestros Bíblicos hacen mucho daño, aún como los zelotes legalistas lo hacían a los gálatas. Cuando

---

[216] 1 Corintios 12:7–11.

[217] Gálatas 1:6–9.

hombres como estos dejan el ancla de la sana interpretación para buscar sus propias agendas, se convierten en voces del diablo y él las usa con liberalidad.

Antes de juntar los cabos sueltos, W dijo algo que debería ser clarificado para que su comentario no sea malinterpretado o distorsionado. El dijo que más de cien ocasiones las palabras *lengua* o *lenguas* **siempre** se refieren al acto de la comunicación. Lo que él dijo es preciso, pero lo que él no dijo es que hay otras veces en la Escritura cuando *lengua* se refiere a un órgano físico, como el tener una *lengua* seca. W substrajo esos usos de su cuenta y el resto—más de cien pasajes—se refieren a la comunicación, exactamente como él dijo.

Ahora para dejarlo todo claro. En realidad, no hay mucho control de daños por hacer ya que W se encargo de la mayoría del error. Pero una cosa que si debe ser discutida es: la aserción que predicar es profetizar. Por supuesto que esto no es verdad. Usted podrá alcanzar la misma conclusión a la luz de la siguiente información.

Una vez más, el error de D comenzó cuando él fue unilateral y cuando incorrectamente interpretó una palabra para encajar con su propia opinión. El dijo que debido a que el infinitivo *profetizar* está basado en dos palabras griegas, *pro* "procede" y *phemi* "hablar" esto quiere decir "alguien que procede en hablar abiertamente" y ya que eso es lo que él hace como predicador entonces consecuentemente el esta profetizando. Pero eso es una tontería sin fundamento. El hecho es que abogados, actores, políticos, reporteros del clima, etc. también proceden en hablar abiertamente. Y eso ciertamente no es profetizar. Lo que D hizo fue que ignoro el hecho que en el griego, hay cinco verbos y dos sustantivos para describir *predicar* o *predicador.*[218] ¿Por qué no usar esos términos si él dice ser predicador?

Observe un resumen breve de la Escritura acerca de los términos *profeta, profecía y profetizar.* Después que haya considerado estos pasajes, se dará cuenta que D está en una posición hereje también en ese sentido.

Veamos los primeros dos de muchos pasajes que describen a los profetas. El primero es entre el Señor y Jeremías, el segundo es con Oseas.[219]

---

[218] Vine, 481–482.

[219] Jeremías 1: 4–10; Oseas 6:4–7.

Vino, pues, palabra de Jehová a mí, diciendo: Antes que te formase en el vientre te conocí, y antes que nacieses te santifiqué, te di por profeta a las naciones. Y yo dije: ¡Ah, Señor! He aquí, no sé hablar, porque soy niño. Y me dijo Jehová: No digas: Soy un niño; porque a todo lo que te envíe irás tú, y dirás todo lo que te mande. No temas delante de ellos, porque contigo estoy para librarte, dice Jehová. Y extendió Jehová su mano y tocó mi boca, y me dijo Jehová: He aquí he puesto mis palabras en tu boca. *Mira que te he puesto en este día sobre naciones y sobre reinos, para arrancar y para destruir, para arruinar y para derribar, para edificar y para plantar...*

¿Qué haré a ti, Efraín? ¿Qué haré a ti, oh Judá? La fidelidad vuestra es como nube de la mañana, y como el rocío de la madrugada, que se desvanece. Por esta causa los corté por medio de los profetas, con las palabras de mi boca los maté; y tus juicios serán como luz que sale. Porque misericordia quiero, y no sacrificio, y conocimiento de Dios más que holocaustos. Mas ellos, cual Adán, traspasaron el pacto; allí prevaricaron contra mí.

Nadie con discernimiento espiritual debe declarase a sí mismo un *profeta*. Es un asunto solemne. Dios asigna a quien quiere y pone Sus palabras en su boca, palabras con el poder de la vida y la muerte. El mensaje es diferente del *sermón típicamente estudiado* ya que el sol es diferente y más glorioso que la luna. No podemos atrevernos a apoderarnos de ese oficio. El Señor advierte,

Vino a mí palabra de Jehová, diciendo: Hijo de hombre, profetiza contra los profetas de Israel que profetizan, y di a los que profetizan de su propio corazón: Oíd palabra del Señor. Así ha dicho DIOS: ¡Ay de los profetas insensatos, que andan en pos de su propio espíritu, y nada han visto! Como zorras en los desiertos fueron tus profetas, oh Israel. No habéis subido a las brechas, ni habéis edificado un muro alrededor de la casa de Israel, para que resista firme en la batalla en el día de Jehová. Vieron vanidad y adivinación mentirosa. Dicen: Ha dicho el Señor, y Jehová no los envió; con todo, esperan que él confirme la palabra de ellos. ¿No habéis visto visión vana, y no habéis dicho adivinación mentirosa, pues que decís: Dijo el Señor, no habiendo yo hablado? Por tanto, así ha dicho DIOS: Por cuanto vosotros habéis hablado vanidad, y habéis visto mentira, por tanto, he aquí yo estoy contra vosotros, dice el Señor. Estará mi mano contra los profetas que ven vanidad y adivinan mentira; no estarán en la congregación de mi pueblo, ni serán inscritos en el libro de la casa de Israel, ni a la tierra de Israel volverán; y sabréis que yo soy DIOS.[220]

Considere el tema de la profecía. Miremos solo tres de muchos ejemplos.[221] Podrá ver que tan diferentes son el mensaje que un pastor *estudia y presenta* el domingo en la mañana.

En aquellos días, levantándose María, fue de prisa a la montaña, a una ciudad de Judá; y entró en casa de Zacarías, y saludó a Elisabet. Y aconteció que cuando oyó Elisabet la salutación de María, la criatura saltó en su vientre; y Elisabet fue llena del Espíritu Santo, y exclamó a gran voz, y dijo: Bendita tú entre las mujeres, y bendito el fruto de tu vientre. ¿Por qué se me concede esto a mí, que la madre de mi Señor venga a mí? Porque tan pronto como llegó la voz de tu salutación a mis oídos, la criatura saltó de alegría en mi vientre. Y bienaventurada la que creyó, porque se cumplirá lo que le fue dicho de parte del Señor.

Y Zacarías su padre fue lleno del Espíritu Santo, y profetizó, diciendo: Bendito el Señor Dios de Israel, que ha visitado y redimido a su pueblo, y nos levantó un poderoso Salvador en la casa de David su siervo, como habló por boca de sus santos profetas que fueron desde el principio; salvación de nuestros enemigos, y de la mano de todos los que nos aborrecieron; para hacer misericordia con nuestros padres, y acordarse de su santo pacto; del juramento que hizo a Abraham nuestro padre, que nos había de conceder. Que, librados de nuestros enemigos, sin temor le serviríamos. En santidad y en justicia delante de él, todos nuestros días. Y tú, niño, profeta del Altísimo serás llamado; porque irás delante de la presencia del Señor, para preparar sus caminos; para dar conocimiento de salvación a su pueblo, para perdón de sus pecados, por la entrañable misericordia de nuestro Dios, con que nos visitó desde lo alto la aurora, para dar luz a los que habitan en

---

[220] Ezequiel 13:1–9.
[221] Lucas 1:37–45, 67–79; 1 Corintios 14:24–25.

tinieblas y en sombra de muerte; para encaminar nuestros pies por camino de paz.

Pero si todos profetizan, y entra algún incrédulo o indocto, por todos es convencido, por todos es juzgado; lo oculto de su corazón se hace manifiesto; y así, postrándose sobre el rostro, adorará a Dios, declarando que verdaderamente Dios está entre vosotros.

¿No son estos muy diferentes? Son vivos y poderosos; reflejan el conocimiento que no puede ser conocido a través de formas naturales. El Espíritu les revela conforme Dios dirige. Ellos no lo *han estudiado* ... Ellos son inspirados por el Espíritu de Dios.

Cerramos este tema con la contribución de un confiable erudito del griego: [222]

> **G4394** prophēteia, **profecia,** el que procede a hablar la mente y el consejo de Dios. La profecía es la declaración de lo que no se puede saber a atraves de formas naturales. Es proceder a decir la voluntad de Dios, con posible referencia al pasado, presente o futuro... Su efecto en los incrédulos era de mostrarles que los secretos del corazón humano son conocidos por Dios, para convencer del pecado y para mover a la adoración. La diferencia entre el profeta y el maestro es que mientras el mensaje del profeta fue una revelación directa de la mente de Dios para la ocasión, el mensaje del maestro se obtiene [por el estudio] de la revelación completada en las Escrituras.

> **G4395** prophēteuō, alguien que *predice*, **profeta;** proclamador de un mensaje divino. El profeta era el que tenía un diálogo directo con Dios. También significa alguien del cual vienen mensajes de Dios o alguien a quien cualquier cosa es comunicada secretamente. Así, en general, el profeta fue alguien sobre el cual el Espíritu de Dios descansaba: alguien a quien y a través de quien el Espíritu de Dios habla.

---

[222] Vine, 492–93.

Claramente, no debemos tratar, como lo hizo D, de establecer una doctrina basada en un significado ideado de una palabra griega. Tampoco podemos atrevernos a enseñarles a otros basados en tan poca información. El conocimiento del griego es útil, pero el contexto del pasaje y su relación en el consejo general de la Palabra son mucho más importantes. El error de D debe servir como advertencia para nosotros que demos cuidadosamente estudiar y meditar en la Escritura. Para ese fin, "Como Estudiar la Biblia" (nuestro capitulo 11) será sumamente útil.

Situación 3. El Efecto del Gallo

El Señor fundó el ministerio a los judíos con los doce discípulos, quienes subsecuentemente añadieron ancianos a su compañía. Pablo escogió a ancianos plurales para cada iglesia gentil. Pablo, Pedro y Santiago buscaron ancianos para pastorear a la congregación local. La epístola a los Filipenses fue escrita a la iglesia local y a sus líderes y diáconos. Una supervisión plural es clara a lo largo del Nuevo Testamento.[223] Entonces, ¿de dónde salió la regla de un solo líder? ¿Piensa que Dios decidió que Su camino era inadecuado y por lo tanto autorizo a los hombres a cambiar Su plan? ¡Claro que no!

La regla de uno no es bíblica. Tiene que provenir de la carne del hombre o del diablo o ambos. El apóstol Juan identifico a uno de los primeros perpetradores de esto: "Yo he escrito a la iglesia; pero Diótrefes, al cual le gusta tener el primer lugar entre ellos, no nos recibe".[224] Imagine la arrogancia de no recibir al apóstol Juan. En el Apocalipsis, Jesús denunció a tales usurpadores y los llamo *nicolaítas*. La palabra *nicolaítas* se deriva de *nikao* (conquistar, derrotar, vencer) y *laos* (la gente).[225] Pero aún con Su sombría advertencia, los atroces nicolaítas emergieron. Su usurpación fue descrita en detalle por J.A. Seiss, la cual es descrita en los siguientes párrafos.

> Seiss describió la emergencia de ese sistema eclesiástico y de clero no bíblico y trazó sus orígenes del desarrollo de los escritores históricos más antiguos hasta los tiempos modernos. El sistema

---

[223] Hechos 14:23; 20:17; Filipenses 1:1–2; Santiago 5:14–15; 1 Pedro 5:1–5.
[224] 3 Juan 9; Apocalipsis 2:6, 15.
[225] Dyal, 40.

nicolaíta suplanto a la iglesia de Dios y usurpó la autoridad del *sacerdocio de los creyentes*. En efecto, convirtió a creyentes genuinos en hombres espiritualmente mallugados (lego), que a lo largo del tiempo, perdieron el conocimiento de cómo y aún el derecho de, ministrar a Dios. Y como Esaú (el hermano mayor de Jacob que cambio su primogenitura por un plato de lentejas), ellos también entregaron sus gloriosos privilegios.

En vez de ejercitar el mayor honor dado al hombre, el derecho de adorar personalmente al Dios Vivo; así como a perros azotados, ellos se sometieron a la dominación de los injustos nicolaítas que buscaban preeminencia. Esta ministración usurpadora fue aborrecible mas allá de toda descripción, ya que evitaba que las familias creyentes ministraran al Señor con canción, adoración y oración; desanimaba a los hombres de ofrecer oración y adoración como sacerdotes de sus propias casas, de guiar a sus familias en estas acciones, y de enseñarles a vivir vidas santas. Le robaba al esposo y a la esposa la gloria de ofrecer canciones en la noche al Novio Celestial; y les quitaba a los creyentes el derecho de meditar en la Palabra de Dios día y noche, de aprender las cosas que le agradan a Aquél que los compró con un terrible precio. Fue una abominación fuera de toda descripción. Fue y es absolutamente malvada y completamente intolerable.

La usurpación fue tan extensa que desde la conversión de Constantinopla (DC 316) hasta la reforma de 1500, los creyentes fueron despojados del acceso a las Escrituras. Se les enseñó como en muchos lugares hoy en día que solo el clero puede interpretar la Biblia y que es necesario ir a un edificio en particular para ser ministrado por un orden no bíblico. Se les dijo que no estaban autorizados o con el poder para buscar a Dios por sí mismos. Y no se les enseño o animó a que adoraran en lo privado con canción y estudio de la Palabra. De hecho, esa idea fue erradicada, junto con el plan de Dios de tener reuniones de casa de creyentes—ya que esto evitaba que se mantuviera un control y preeminencia sobre estos casos guiados por el Espíritu.

El Señor odia las acciones de los nicolaítas. Ellos usurparon Su posición como cabeza; desmantelaron Su sacerdocio de creyentes;

Darell B. Dyal

mantuvieron al mundo en un adulterio espiritual por 1,200 años; lo despojaron de Su comunión con Su Amada Novia. Su recompensa será justamente mucho muy severa".[226]

Variaciones de suplantadores como Diótrefes impregnan a los círculos protestantes. Como Diótrefes, ellos promueven que "para una iglesia hay un jefe", y que "yo soy ese jefe". Hoy se le llama pastor. En un acto de desafío a la Escritura; este reinado absoluto de un hombre se ha convertido en la norma. Se le consideraría como que trata de traer división si siquiera se atreve a cuestionar la doctrina.

Hoy la verdad es que los pastores actuales son solo parcialmente responsables de este triste estado. Después de todo, ellos heredaron la tradición de sus confiados líderes y nunca se detuvieron a cuestionar la práctica. Porque, después de todo, estos grandes hombres que tenían una religión a su manera y entonces, ¿todo debía estar bien?, ¿correcto?

La Palabra de Dios dice "¡Incorrecto!"

Aquí hay una triste historia. Tres veces, mi esposa Shirley y yo hemos sufrido a causa de la insensatez del reinado de un hombre. Una vez estábamos completamente involucrados en una iglesia viva con las bendiciones del Señor. La unción del Espíritu estaba sobre el pastor, los músicos, los cantantes y la congregación. Las bendiciones sobreabundaban. La Palabra era exaltada, la gente era tocada y sus vidas eran impactadas. El amor era tan real. Fue el gozo del primer amor. Había un mover de Dios y Él estaba levantando obreros del Cuerpo. Los ancianos y líderes eran reconocidos y honrados. Seis u ocho fueron llamados a predicar y recibieron entrenamiento.

Uno por uno terminaron la escuela y regresaron. En vez de tomar su lugar en un ministerio expandido, cada uno tomo a su esposa, familia extendida, amigos, cantantes, músicos y cualquiera que quería ir con ellos y se iban para empezar iglesias donde ellos se convertían en soberanos únicos con el rango de pastor. Sin embargo, diferente de Pablo,[227] ellos no iban a un territorio virgen para construir iglesias con trabajo y oración. Ellos *robaban* de la iglesia madre

---

[226] Dyal, 41–42.
[227] 2 Corintios 10:12–18.

cuyo pastor tenía que irse a ministrar a otra ciudad. Las ovejas se esparcían, el Espíritu era entristecido y su unción se iba.

Fue la maldición de la religión de la carne comenzada por Diótrefes y aquellos como él que codiciaban la preeminencia: una maldición a la cual yo le llamo el Efecto del Gallo, del cual Jesús dijo: "Yo odio las acciones de los nicolaítas".

Si el Señor hubiese querido un reinado de un único hombre, Él hubiera establecido a Su iglesia de esa forma. Pero el puso una supervisión plural.[228] ¿Cómo podemos atrevernos a hacer otra cosa? Nadab y Abiú trataron de servirle a Señor a su propia manera y su castigo aplica para todos aquellos los siguen en ese camino. La forma, la única forma, de deshacer esa insidiosa maldición es de confesar nuestra ignorancia y rebeldía y de regresar al camino de acuerdo con el patrón de la Palabra de Dios.

Situación 4. Una Presunción Peligrosa

Un hombre que conozco me conto una historia de serias consideraciones. Leámosla y luego preguntémosle a T y a E lo que piensan.

El hermano dijo,

El tiempo temprano en la mañana con el Señor había sido especialmente bendecido durante la semana pasada. Hubo varias *conversaciones* significativas. El Señor me alumbró acerca de varios asuntos importantes. La adoración, oración, meditación y espera en Él fueron de las mejores que pueda recordar.

Pero a la mañana siguiente, me volví descuidado y aún lleno de presunción...

Yo hablaba tanto como un pajarillo en la primavera. Parloteaba por unos pocos minutos hablándole al Señor de esto y de aquello. Y lentamente me di cuenta que Él estaba increíblemente callado.

---

[228] Esto fue demostrado ampliamente. Vea Dyal, 10–13; 43–35.

Inmediatamente me percate que algo estaba mal. Yo había ofendido al gran Dios. Contristado, empecé a examinar mis acciones y estuve horrorizado cuando me di cuenta que había entrado descaradamente delante del trono del Dios del universo y empecé a hablar con Él como si fuéramos los mejores compañeritos.

¡Pero no somos compañeritos!

Él es eterno, el Dios todopoderoso. Él es el Creador. Él es la fuente de vida y poder y autoridad en el universo y más. Él debe ser adorado, temido y honrado primeramente antes que otra cosa.

Como en el cielo, así también debe ser en la tierra:

> Y los cuatro seres vivientes tenían cada uno seis alas, y alrededor y por dentro estaban llenos de ojos; y no cesaban día y noche de decir: Santo, santo, santo es el Señor Dios Todopoderoso, el que era, el que es, y el que ha de venir. Y siempre que aquellos seres vivientes dan gloria y honra y acción de gracias al que está sentado en el trono, al que vive por los siglos de los siglos, los veinticuatro ancianos se postran delante del que está sentado en el trono, y adoran al que vive por los siglos de los siglos, y echan sus coronas delante del trono, diciendo: Señor, digno eres de recibir la gloria y la honra y el poder; porque tú creaste todas las cosas, y por tu voluntad existen y fueron creadas.[229]

> Después de esto miré, y he aquí una gran multitud, la cual nadie podía contar, de todas naciones y tribus y pueblos y lenguas, que estaban delante del trono y en la presencia del Cordero, vestidos de ropas blancas, y con palmas en las manos; y clamaban a gran voz, diciendo: La salvación pertenece a nuestro Dios que está sentado en el trono, y al Cordero. Y todos los ángeles estaban en pie alrededor del trono, y de los ancianos y de los

---

[229] Apocalipsis 4:8–11.

cuatro seres vivientes; y se postraron sobre sus rostros delante del trono, y adoraron a Dios, diciendo: Amén. La bendición y la gloria y la sabiduría y la acción de gracias y la honra y el poder y la fortaleza, sean a nuestro Dios por los siglos de los siglos. Amén.[230]

Tal es Su gloria.

Y sobre mí, Él me creó del polvo de la tierra para Su placer. Nada en mi me distingue o califica para siquiera estar en Su presencia y menos ser su compañerito. Lo único redentor que tengo en mí es lo que Él me dio: la salvación por la sangre de Su Santo Hijo; Su Santo Espíritu en y sobre mí; y la Palabra de Dios para alumbrar mi camino. Cualquier cosa de valor que yo haga se le atribuye a estos elementos de poder.

Yo me avergoncé de la manera descuidada en la cual había irresponsablemente entrado a Su presencia. Confesé mi falla delante de Dios y él perdono mis transgresiones, días tuvieron que pasar para poder recupérame del impacto mi error. Nunca olvidare o repetiré ese error de nuevo.

Si, en un acto de bondad y misericordia, Él es mi Padre celestial y si, es posible, bajo ciertas condiciones ser el amigo de Su Hijo. Pero Él es el Dios todopoderoso y así se le debe tratar. ¡Él será honrado como Dios todo el tiempo todas las veces!

Así el hombre terminó su poderosa historia.[231]

Tengo curiosidad de saber lo que E y T tienen que decir, escuchémoslos…

E: T, esa historia me hace pensar del mensaje de Dios a Aarón por medio de Moisés, "En los que a mí se acercan me santificaré y en presencia de todo el pueblo seré glorificado"[232]

---

[230] Apocalipsis 7:9–12.
[231] Yo sé que es verdadero porque yo soy ese hombre.
[232] Levítico 10:3.

T: Si, esa realmente es una historia. Pero, ¿no piensas que es demasiado extrema? Después de todo, Dios es un Dios de amor. Él sabe que cometemos errores. Pero nos ama aún así, ¿correcto?

E: De que Él sabe y nos ama, si eso es absolutamente verdad...

T: [Sin poder esperar, T vuelve a comentar] Eso es, lo ves, ¡es exactamente lo que estoy diciendo!

E: T, no me dejaste terminar.

T: Oh, perdón.

E: Si, Dios nos ama, si. Él nos entiende, si. Él nos perdona si confesamos nuestros pecados, nos arrepentimos y nos alejamos de ellos. Pero la ignorancia no nos da el derecho de acercarnos irreverentemente a Su presencia...

T: [Una vez más T vuelve a interrumpir] ¿Estás diciendo que no le podemos hablar a Dios? Seguramente tú no estás diciendo que no podemos hablarle y decirle lo que pensamos o lo que sentimos... ¿No crees que podemos hablar con nuestro amigo tan directamente como queramos? Si no nos gusta algo que Él hizo o no hizo, ¿no piensas que podemos hablar con Él al respecto? ¿No crees? ¿No quiere Él que seamos honestos?

E: [E logra hacer una pequeña sonrisa] ¿Terminaste?

T: [T esta apenado] Si, esperaré hasta que termines antes de volver a hablar.

E: T, voy a contestar a tus preguntas, pero el punto de la historia de nuestro hermano es que debemos de mantener nuestra relación con Dios en perspectiva en nuestros propios corazones. No es que Él no nos ame o que no podamos traer nuestras peticiones delante de Él; es que debemos acercarnos con conocimiento, porque el temor de Dios es el principio de la sabiduría y el conocimiento.

Considera la Palabra. ¿Recuerdas la reacción de hombres como Ezequiel, Isaías, Daniel, Juan y otros que vieron a los mensajeros celestiales? Ellos estaban atónitos. A menudo se desmayaron a causa del temor. Pero esos mensajeros eran ángeles quienes se habían inclinado y adorado a Dios porque Él es poderoso y maravilloso.

Te lo aseguro, ningún hombre, una vez que es llevado dentro de la santa presencia de Dios tendría la audacia de acercase a él con presunción. Ningún hombre con un entendimiento de la majestad y sabiduría de Dios consideraría quejarse o criticar una decisión o acción tomada (o no tomada) por Dios. Solo la ignorancia y rebeldía de la carne provocada por las artimañas del diablo considerarían semejante locura.

¿Entiendes esto?

T: Tengo que decirte, E, que una vez más, has sacudido mi forma de pensar. Estoy seguro que se me había enseñado otra cosa, a la mejor en la escuela dominical, que teníamos el derecho de hablarle a Dios como quisiéramos y que debíamos hacerlo; que no debíamos tener nuestros sentimientos contenidos. Dios quiere que nos sintamos bien.

E: ¿Realmente piensas eso?

T: [Permanece callado por un momento y luego T comienza a reírse y continúa] Veo tu punto. Tenemos paz y gozo cuando permanecemos en Jesús. Hacemos eso teniendo y guardando Su Palabra. El conocer, verdaderamente conocer a Jesús es confiando en Él en todas las cosas. Esta mal el cuestionarlo. No tenemos ese derecho, ¿verdad?

E: No, no lo tenemos. ¡No podemos atrevernos! Estas empezando a entender *el camino* del Señor.

EPÍLOGO

DESPUÉS DE HABER terminado el libro, quedan cinco inquietudes.

Primera: Jesús es el mandamiento preeminente de Dios. Nada esta antes de Él. La larga discusión contenida aquí sobre el Espíritu Santo no debe quitar del Hijo de Dios. *Para un Tiempo Como Éste* habla sobre la importancia del Espíritu, pero no pone al Espíritu en el lugar de Jesús. Jesús es el Salvador, Señor y Dios. No tenemos a nadie antes de Él porque no hay nadie antes de Él en el cielo o en la tierra.

Segunda: debemos de participar completamente en nuestra lucha personal por tener santidad y vencer a la carne. El Espíritu Santo no va a hacer el trabajo por nosotros. Debemos de "despojarnos del viejo hombre, que está viciado conforme a los deseos engañosos y renovarnos en el espíritu de nuestra mente y vestirnos del nuevo hombre, creado según Dios en la justicia y santidad de la verdad".[233] Debemos de pelear la buena batalla,[234] sabiendo que la victoria es obtenida por la obediencia a la Palabra en el poder del Espíritu.

Tercera: el vivir en el Espíritu es caminar en el poder del siglo por venir y de luchar en contra de la carne y el diablo. Ese caminar es ferozmente atacado. ¿He advertido adecuadamente a los lectores? El peligro es real. En estos días de ignorancia espiritual y rebeldía, es casi imposible permanecer, porque el cerco de justicia es apenas entendido y es dolorosamente violado.[235] La mayoría no habitan bajo la sombra del Omnipotente:

---

[233] Efesios 4:20–24.

[234] Vea las instrucciones para con la iglesia en el NT.

[235] El cerco de justicia es clarificado por Salmos 91; Job 1:1–12; Daniel 6:1–24. Una vida santa lo protege a uno de los dardos de fuego del enemigo.

a) porque a diferencia de Jesús, que cuando estaba en la tierra, caminaba en el Espíritu, hacía solo lo que veía a Su Padre hacer, decir lo que Su Padre le daba a decir y proclamaba que no podía hacer nada por sí mismo[236]; muchos hacen lo que quieren y tratan de ordenarle a Dios que haga lo que ellos quieren.

b) gran parte de la iglesia no está estructurada bíblicamente. Sus prácticas están fuera de la Palabra y consecuentemente fuera del cerco de justicia de Dios. Por lo tanto, está abierta a asaltos directos de un enemigo poderoso que ni siquiera puede ver;

c) los mandamientos de la Biblia sobre la sumisión de la iglesia no son tomados como los imperativos que son. Esto también abre la puerta a los ataques del enemigo;

d) muchos pastores no se entregan a sí mismos a *la oración continua y a ministrar la Palabra*; tampoco oran de acuerdo a los ejemplos bíblicos. Así, la iglesia no es defendida de o preparada para el conflicto.

Cuarta: no es posible leer *Para un Tiempo Como Éste*, recibir el bautismo del Espíritu con Sus dones y fruto, y comenzar a vivir victoriosamente inmediatamente vidas gozosas sin mayor crecimiento. Tampoco se le puede sujetar a las ordenes del hombre. No podemos simplemente *chasquear los dedos* y hacer las cosas descritas en este libro. Solo se puede hacer "línea por línea, precepto por precepto, un poquito aquí, un poquito allá". El crecimiento espiritual no progresa con la rapidez de la comida instantánea americana.

Para guiar este crecimiento, Jesús dio dones a los hombres con los cuales ministrar a Sus ovejas:

> Y él mismo constituyó a unos, apóstoles; a otros, profetas; a otros, evangelistas; a otros, pastores y maestros, a fin de perfeccionar a los santos para la obra del ministerio, para la edificación del cuerpo de Cristo, hasta que todos lleguemos a la unidad d a fe y del

---

[236] Juan 5:19–23, 30; 12:49.

conocimiento del Hijo de Dios, a un varón perfecto, a la medida de la estatura de la plenitud de Cristo".[237]

A través de su ministración, la santificación y la santidad son lentamente construidas en la iglesia, así como el Espíritu edifica la imagen de Jesús en el cuerpo de Cristo a través de los dones ministeriales dados a la iglesia. Pablo enseñó a los Corintios diariamente por dieciocho meses, a los Efesios por tres años y al resto de la iglesia por muchos años.

Quinta: debemos orar como se nos ha indicado. Si lo hacemos, Él derramará de Su Espíritu sobre Sus obreros y los enviará a Su cosecha. Si oramos conforme a las siguientes líneas, Él enviará a los obreros a Su cosecha y Su reino vendrá.[238]

Padre nuestro que estás en los cielos, santificado sea tu nombre. *Venga tu reino. Hágase tu voluntad, como en el cielo, así también en la tierra.*

Recorría Jesús todas las ciudades y aldeas, enseñando en las sinagogas de ellos, y predicando el evangelio del reino, y sanando toda enfermedad y toda dolencia en el pueblo. Y al ver las multitudes, tuvo compasión de ellas; porque estaban desamparadas y dispersas como ovejas que no tienen pastor. Entonces dijo a sus discípulos: *A la verdad la mies es mucha, mas los obreros pocos. Rogad, pues, al Señor de la cosecha, que envíe obreros a Su cosecha*

Oro… para que el Dios de nuestro Señor Jesucristo, el Padre de gloria, os dé espíritu de sabiduría y de revelación en el conocimiento de él, alumbrando los ojos de vuestro entendimiento, para que sepáis cuál es la esperanza a que él os ha llamado, y cuáles las riquezas de la gloria de su herencia en los santos, y cuál la supereminente grandeza de su poder para con

---

[237] Efesios 4:11–16.

[238] Mateo 6:9–10; 9:35–38; Efesios 1:15–19.

nosotros los que creemos, según la operación del poder de su fuerza.

Su Palabra promete,

> Y esta es la confianza que tenemos en él, que si pedimos alguna cosa conforme a su voluntad, él nos oye. Y si sabemos que él nos oye en cualquiera cosa que pidamos, sabemos que tenemos las peticiones que le hayamos hecho... Así que la fe es por el oír, y el oír, por la palabra de Dios... Respondiendo Jesús, les dijo: De cierto os digo, que si tuviereis fe, y no dudareis, no sólo haréis esto de la higuera, sino que si a este monte dijereis: Quítate y échate en el mar, será hecho. Y todo lo que pidiereis en oración, creyendo, lo recibiréis.[239]

Dios no ha cambiado.[240] Cuando Él envía a los obreros, Él les da la autoridad y el conocimiento para cumplir Su orden y lo siguen las señales y los prodigios. Dios, él único que sabe el contenido del corazón del hombre, debe seleccionar y llenar de poder a sus obreros para cuidar a Su rebaño; como siempre lo ha sido, ya que las ovejas no pueden cuidarse a sí mismas. Debemos orar para que Él los envíe y así podrá venir Su reino sobre la tierra en nuestros tiempos.

Si oramos de esta forma, la gloriosa cosecha de los últimos tiempos será nuestra.

---

[239] 1 Juan 5:14–15; Romanos 10:17; Mateo 21:21–22.
[240] Hebreos 13:8.

ACERCA DEL AUTOR

MI CARRERA EMPRESARIAL fue larga y laboriosa. Su enfoque fue el valor único y personal del poder del individuo y el reto de la administración por tomar, liberar y recompensar esa capacidad para el bien común. Para refinar mis contribuciones, estudié una maestría a los cuarenta y siete años y terminé mi trabajo doctoral sin la disertación final a la edad de sesenta y dos. Durante esas décadas, ascendí en el trabajo hasta los niveles de administración gerencial. Pero ayudar a personas a resolver retos económicos y emocionales no hace nada sobre su bienestar eterno, así que cuando llego el tiempo, me retire del empleo del hombre para concentrarme en el tema más importante de escribir acerca de y enseñar la Palabra de Dios.

Lo que sigue a continuación, es un resumen de mi historia.

Hace cincuenta años, yo estaba en la marina en Virginia. Mi vida cambio al término de mi contrato de cuatro años. El Señor me toco en una forma gloriosa. Fui salvo a través de la ministración de un compañero naval, una familia Cristiana y el pastor de una iglesia. Antes de esto, lamento reconocerlo, yo usaba groserías y profanidad, como un marinero. Pero desde el día cuando Jesús entro a mi corazón hasta ahora ya no *hablo* ni *pienso* en esas palabras groseras. ¡Él limpió mi corazón y mi mente! Que maravillosa demostración de Su poder limpiador. Y así comenzó mi peregrinaje por conocer y servir a mi hermoso Señor.

Después de la marina, regrese a Florida y me inscribí en la Universidad de Florida del Sur en Tampa donde me involucre activamente en una célula estudiantil cristiana. Después de un año, el presidente de ese grupo se graduó. Él y otros insistieron que yo tomará su lugar. Yo pensé que era un error hacerlo desde el principio, pero ellos insistieron. Como un joven creyente, yo no podía proveer la dirección espiritual que veinticinco estudiantes necesitaban.

Por casi dos años yo me agobié bajo la carga, descubriendo que no tenía ni las respuestas ni el poder espiritual para muchas de las necesidades.

Después atendí a una conferencia misionera para estudiantes universitarios. El orador que estuvo allí profundamente impacto mi vida. Cuando le dieron el micrófono, el grito con un poder resonante:

Te estoy preguntando,

"¿Conoces a Dios?"

No te estoy preguntado si sabes de Él;

Te estoy preguntado,

"¿Lo conoces?"

¡Sus palabras fueron electrizantes! Yo supe que él había dicho mi problema: *¡Yo no conocía a Jesús!* Yo sabía acerca de Él. Sabía que me había salvado y que era magnificente. Sabía que estaba aprendiendo Su palabra. Sabía que estaba ocupado por hacer buenas obras y tener hermandad cristiana. Pero no lo conocía. Eso no fue lo que se nos enseño. Estábamos viviendo una cristiandad fuera de la plenitud del Espíritu Santo y ni siquiera lo sabíamos. Mis maestros decían que todos ya teníamos todo; decían que no nos hacía falta nada. Pero era todo lo que sabían. Y estaban equivocados. Mi vida estaba a punto de cambiar.

Después que regrese a Tampa, varios de nosotros visitamos la iglesia de una chica nueva de nuestra célula. Allí, por primera vez, pude ver el poder del Espíritu Santo en las vidas de la iglesia. Y fue entonces cuando lo entendí: Él era lo que faltaba en mi vida. Después del servicio, le pregunte al pastor acerca del Espíritu Santo. El me despidió con la tarea de leer los evangelios y los Hechos, pero me dijo que antes de que los leyera, que le pidiera al Señor que me revelará la ministración del Espíritu para conmigo. Y entonces mis ojos fueron abiertos. Pude verlo en casi cada página. Después de semanas de estudio, sabía que Él era una persona *real* para mí y fui a pedir oración. De esta forma, recibí el bautismo del Espíritu y hablé en lenguas como en la Biblia. El Espíritu me resaltó un versículo en los días que siguieron. Era, "El Espíritu mismo da testimonio a nuestro espíritu, de que somos hijos de Dios"[241] Su unción estaba sobre mí. Sabía que era un hijo de Dios y ese testimonio no se ha apartado de mí hasta este día.

Yo me reuní en esa iglesia en los años que siguieron. Había un ministerio en la iglesia para los marinos mercantes que embarcaban en el puerto de Tampa. Cada tarde de todos los domingos, algunos varones jóvenes iban a los barcos a invitar a los marineros a ir a la iglesia. En la tarde los recogíamos. Muchos fueron guiados a Jesús durante esos años. Otras veces, ministrábamos con las jóvenes en los asilos. Cantábamos, predicábamos, orábamos y amábamos a la gente mayor. Y tanto nosotros como ellos éramos bendecidos.

Como veinte de nosotros nos reuníamos con el pastor seis noches a la semana para convivir, adorar, cantar, orar y ser enseñados por la Palabra de Dios en los caminos del Espíritu. Esos fueron días gloriosos. No había otro lugar donde yo quisiéramos estar. Aprendimos a escuchar la voz de Dios y recibimos los dones del Espíritu,[242] dones que se manifestaron de muchas formas durante esos años. ¿Y porque no? Esa fue la experiencia de la iglesia del NT y lo que aún necesitamos el día de hoy.

Permítame darle unos cuantos ejemplos. El trasfondo de esto es: hace muchos años, yo fui un maestro de escuela dominical y de vez en cuando visitaba a prisioneros, predicaba en las calles y era un maestro en una casa hogar para hombres recuperándose de las drogas o la cárcel. También predicaba en una iglesia esporádicamente. Escuchaba a los que estaban en autoridad y trataba de seguir su enseñanza. Por ejemplo, un miércoles en la noche escuche acerca de un respetado hombre de edad mayor a quien se le pregunto, "¿A qué le atribuye la grandeza en su vida espiritual?" El humildemente respondió, "Tal y como es, se debe a las largas caminatas que tengo con Dios cada mañana". El siguiente día yo también, salí a caminar con el Señor, interfiriendo con otra hora más de mí sueño. Una vez escuché que Watchman Nee leía el Nuevo Testamento mensualmente. Eso sonaba bien, así que yo también comencé a hacerlo. Pero como lentamente el Antiguo Testamento se empezó a quedar

---

[241] Romanos 8:16.

[242] 1 Corintios 1:2-7; 14:31.

de lado, también lo retome y decidí leerlo mas. Así, a lo largo de los siguientes dos años, leí el Antiguo y Nuevo Testamento veinticuatro veces.

Con esta base, permítame regresar a las veces cuando los *secretos de mi corazón* me fueron revelados. Recuerde que la Biblia dice,

> Pero si todos profetizan, y entra algún incrédulo o indocto, por todos es convencido, por todos es juzgado; lo oculto de su corazón se hace manifiesto; y así, postrándose sobre el rostro, adorará a Dios, declarando que verdaderamente Dios está entre vosotros.[243]

Fue durante este tiempo que tomé mi diaria y temprana caminata con el Señor. No se sorprenderá en saber que le había *sencillamente comentado* esta hazaña espiritual a mis amigos. Y por supuesto, todos admiraron la disciplina y dedicación de esa religiosidad. Pero con el transcurso de los meses, algo comenzó a suceder. Parecía que yo estaba solo en la oscuridad. No podía sentir la presencia de Dios y no podía mantenerme enfocado en Él aún con mis más determinados esfuerzos. Yo también me sentía cansado y adormilado y me tropezaba banqueta tras banqueta. Encima de todo, comencé a sentir frio. Yo odio el salir de la cama cuando hace frio en la mañana. Empecé a apagar mi alarma y para mi disgusto, en pocos días había completamente abandonado mis caminatas mañaneras. Y como se lo puede imaginar, no le conté a nadie acerca de mi falla.

El siguiente miércoles, llegue a la iglesia treinta minutos tarde, algo que odiaba hacer. Me acababa de sentar cuando una profecía se escucho de la parte de atrás y dijo,

> *¿Dónde has estado hijo mío? Extraño nuestras caminatas juntos.*

El recontar estar historia trae lágrimas a mis ojos. El Dios de la gloria se había bajado para caminar conmigo y Él estuvo allí todo el tiempo aún cuando yo no lo sabía. Que Él *extrañara esas caminatas conmigo* fue más de lo que yo podía soportar. Fue un amor tierno lo que Él me ministro en esa corta profecía y yo supe con certeza que *Dios está entre nosotros.*

---

[243]   1 Corintios 14:24–25.

El segundo incidente también es muy conmovedor. Su precedente se encuentra en Éxodo 34, cuando Dios llamo a Moisés de vuelta al Monte Sinaí. Cuando él bajo después de ayunar por cuarenta días y cuarenta noches en la presencia de Dios, su cara era tan resplandeciente que Aarón y los ancianos tuvieron miedo de acercársele. Y Moisés tuvo un velo sobre su rostro por un tiempo excepto cuando iba a encontrarse con el Señor en el tabernáculo de reunión.

Mi historia es similar a esta pero no se acerca a la significancia. Cuando era joven, todavía soltero, conocí al Señor de una manera gloriosa con el bautismo del Espíritu Santo. Mi espíritu tenía un festín de Su presencia. Su testimonio personal a mi fue maravilloso. Su unción me cubrió y permaneció por algún tiempo. Pero día tras día empezó a levantarse. Necesitaba a un consejero sabio para decirme que esta era la manera que el Señor lo hace, pero no lo sabía. Por lo tanto, mientras su unción se levantaba, empecé a buscarlo más y más fervientemente. Mientras lo hacía, su unción se apartaba aún más. Así que llegue a un punto donde pasaba toda la mañana y a veces mas buscando Su rostro. Esto continúo por varias semanas.

Luego Él me envió ayuda. Mi amigo, Jim, el previo presidente de nuestra célula cristiana en la universidad toco a mi puerta. El acababa de llegar de Tallahassee, donde él estaba estudiando su maestría. Sus primeras palabras fueron, "vamos a orar". Ese fue nuestro gozo durante el tiempo que estuvimos en la universidad de Florida del Sur y teníamos muchos lugares de oración. Cuando caminamos hasta su carro, Jim me dijo que había estado cantando y orando en el Espíritu durante todo el trayecto desde Tallahassee y pensó que debía venir a verme. Él apenas pudo encender el carro cuando dijo, "Veo una visión. Es un hombre que lleva una cubeta de agua y está caminando por un desierto. Él está cruzando sobre una duna de arena pero no puede ver lo que hay del otro lado".

No es inusual que el Señor nos hable de estas formas, así que aunque él no entendió la visión, no nos perturbamos y continuamos esperando en el Señor. Antes de que Jim pudiera manejar media milla hasta nuestro sitio de oración en un bosque junto a la universidad, el vio la visión dos veces más. Él dijo que cada vez el hombre caminaba más rápidamente y más arduamente. Después Jim apagó el auto y pudo ver otro episodio. El dijo, "El hombre ahora lleva dos cubetas y todavía está cruzando sobre la duna". Luego el tuvo una visión final, "Ahora puedo ver más allá de la duna, el está bajando hasta un pozo y está vaciando sus cubetas en él". Todavía no entendíamos. Pero después de unos minutos, Jim dijo, "Sabes, lo más gracioso es que lo único que el hombre tiene que hacer es ponerse de rodillas junto al pozo y el agua fresca y clara subiría hasta él". Entonces lo entendí. Yo era ese hombre. Yo estaba esforzándome por hacer lo que nadie puede hacer. Estaba tratando de ascender al cielo y hacer que bajara Jesús. Lo tenía al revés. Lo único que debía hacer era ponerme de rodillas y Él me daría el agua de vida. Su presencia no dependía o estaba en mis obras.

Fui tocado una y otra vez al recordar esa visión. Ha sido un recordatorio para mí que no debemos de acercarnos a Dios por nuestras obras.

Y confieso que soy un aprendiz lento. Aún después de tantos años en el Espíritu, a veces continúo errando en el tema de tratar de hacer buenas obras en el poder del hombre natural. Considere el último ejemplo. El trasfondo de este es: 1) debemos de amar a nuestro prójimo como lo haríamos para con nosotros mismos; 2) el fruto del Espíritu es amor, gozo, paz, paciencia, benignidad, bondad, fe, dominio propio, templanza. A lo largo de años y años, me he examinado contra estos requerimientos y me he dado cuenta que quedo corto y he tomado resolución tras resolución de hacerlo mejor, pero no pude cambiar. Ni una furiosa resolución pudo causar alguna diferencia. Continúe fallando mientras le enseñaba a otros a buscar las mismas cosas. Se podría decir que mi deseo de agradarle al Señor era intenso y a la mejor que también mis deseos de vivir una mejor vida eran admirables. Pero esos esfuerzos perdían por mucho el punto más importante. Y eso es de lo que se trata *Para un Tiempo Como Éste*. Después de años de luchar, el Señor me mostró que mis esfuerzos estaban apuntados incorrectamente. Él me hizo meditar en dos pasajes:

> Venid a mí todos los que estáis trabajados y cargados, y yo os haré descansar. Llevad mi yugo sobre vosotros, y aprended de mí, que soy manso y humilde de corazón; y hallaréis descanso para vuestras almas; porque mi yugo es fácil, y ligera mi carga.[244]

---

[244] Mateo 11:28–30.

Mas el fruto del Espíritu es amor, gozo, paz, paciencia, benignidad, bondad, fe, mansedumbre, templanza; contra tales cosas no hay ley.[245]

Yo medité y considere estos versículos por semanas y lentamente comencé a entender. No me había considerado a mi mismo como a alguien que trabajaba y estaba duramente cargado. Sabía que mi carga era pesada, pero no más que la de alguna otra persona. Todos esos años yo me levante, me puse mis botas y fui a trabajar, cada día tratando ser mejor que lo que había sido el día pasado. Lentamente, comencé a ver: la vida *está en Jesús*, no en el poder de nuestros esfuerzos. Yo había probado que por muchos años que la lucha intensa no podía conseguirme espiritualidad. Cuando esa luz entro a mi corazón, entendí lo que deseo haber sabido hace muchos años:

¡No podemos vivir una vida espiritual en la fuerza o resolución del hombre natural. ¡El fruto del Espíritu es del Espíritu, no nuestro!

¿Por que luchaba y me abusaba tanto tratando de amar a Dios como Dios ama? ¿Por qué trate de imponerme un gozo que simplemente no estaba allí?, un gozo que tiene que fluir del poder del Espíritu Santo. La Palabra lo dice claramente: es Su gozo, no el mío. Oh, la gloria que eso trajo a mi espíritu cuando lo comencé a entender. Debemos de permanecer en y ser llenos de Su Espíritu, no de la fuerza de nuestros esfuerzos o los esfuerzos de la carne. El secreto del evangelio es que "Cristo en usted, la esperanza de gloria... de modo que si alguno esta en Cristo, nueva criatura es, las cosas viejas pasaron; he aquí, todas son hechas nuevas y todo proviene de Dios..."[246]

---

[245] Gálatas 5:22-23.
[246] Colosenses 1:27; 2 Corintios 5:17.

BIBLIOGRAFÍA

Dyal, Darell B. *Limpy, the Lost Way of the Bible.* New York, NY: iUniverse, 2005.

Fee, Gordon D. *God's Empowering Presence.* Peabody, MA: Hendrickson Publishers, Inc., 1994.

Grubb, Norman, *Rees Howells, Intercessor.* Ft. Washington, PA: CLC Publications, 1952.

Parsons' Technology. *QuickVerse for Windows,* Software. 1992.

Seiss, J. A. *The Apocalypse.* Grand Rapids, MI: Zondervan, 1966.

Stott, John R. W. *The Baptism and Fullness of the Holy Spirit.* Chicago, IL: Intervarsity Christian Fellowship, 1964.

The Holy Bible, New King James Version. Nashville, TN: Broadman & Holman Publishers, 1988.

Vine, W. E. *Vine's Complete Expository Dictionary of Old and New Testament Words.* Nashville, TN: Thomas Nelson Publishers, 1985.

Wesley, John. *The Works of John Wesley.* Grand Rapids, MI: Baker Books, 1991.

Wuest, Kenneth S. *Wuest's Word Studies.* Grand Rapids, MI: Eerdman's Publishing Company, 1978.

Zodhiates, Spiros, *Hebrew-Greek Key Word Study Bible.* Chattanooga, TN:AMG Publishers, 1991.